ADVICE 43

一天一點
笛卡兒

三分鐘思考術
教你解決
學習問題×職場判斷×人生難題

Ogawa Hitoshi
小川仁志——著
葉廷昭——譯

木馬文化

■前言
來一杯咖啡，享受笛卡兒

一大早來杯咖啡的人不少，這種風氣還衍生出了「早安咖啡」這個詞。上班族一手拿著星巴克之類的咖啡杯，一邊通勤的景象十分常見。為什麼要喝咖啡呢？一來是飲用咖啡因提神，二來是精神上的效果。

這次我構思的企畫主題「一天一點笛卡兒」，就是從「早安咖啡」得到的靈感。很多人習慣在一大早利用通勤或在咖啡廳用餐的時間充實自己，例如在捷運、電車、校車等交通車上閱讀，或是提早出門去咖啡廳邊享受餐點邊讀點書。

我的用意是寫一本哲學性的自我啟發書籍，讓人能夠一大早讀來就提神醒腦。而且這本書還要能跟咖啡一樣拿在手上，喝完一杯就精神百倍！經過我一番努力，這本書就誕生了。

笛卡兒是近世的法國哲學家，曾留下一句「我思，故我在」的名言。他的著作就屬《方法談》最有名，除了第一章介紹《方法談》，第二、三、四章還介紹了《沉思錄》、《哲學原理》、《靈魂的激情》等，每一部都是影響近代思想的哲學名著。每部著作的創作過程和概要，會配合笛卡兒傳記，在每一章的最後面介紹。

我在每一章所介紹的笛卡兒著作中，精心挑選最能引起現代人共鳴的句子，提出對人生、工作都有益的精要見解。全部共有四十四項，每一項都是三分鐘就看得完的內容。

早上是我們一天最忙碌的時候了，短短的三分鐘也極為寶貴。正因如此，我認為能在三分鐘內就吸收的知識精華更為寶貴，所以有必要嚴選學習的內容。法國哲學家笛卡兒對近現代東西方思想的影響非常深遠，他的言論確實有十足的價值。請各位放心，讓我們專心學習吧！

當今之世，電子和商務的相關知識吸引了大多數的讀者，過於偏重的結果，讓我們忽略了其實哲學箴言也很有用。因為有用，所以才會世世代代流傳下來，成為一輩子影響我們的金玉良言。

也正因如此，我才刻意放上了翻譯過的原文。就算各位不諳法文或拉丁文，也能借助譯文來增進學養。我還特意加注了人人都能理解的說明，保證各位一看就懂。

打個比方好了，這杯咖啡最初喝下去，原文的滋味苦澀濃烈，但後面的溫和解說猶如苦後回甘的雙重韻味。讓我們一起來品嘗這股知性的風味吧！

目次

一天一點笛卡兒

三分鐘思考術
教你解決
學習問題×職場判斷×人生難題

第一章

發揮大腦的思考力量

——《方法談》

思考 1

頭腦好也沒用，怎麼運用才是重點

「良知是這世上分配得最公平的東西。」

大家擁有的頭腦都差不多

很多人利用一大早的時間充實自己，這些人包括通勤的上班族、出門上課的學生，還有在電車上閱讀書籍的人。

大家都想獲得知識和技能，讓自己更上一層樓，我也是如此。

我在通勤途中閱讀各式各樣的書籍，希望腦袋變得更好。反過來說，就是我不認為自己頭腦夠好，所以才急著吸收知識，來彌補不足的智商。

如果我是一個天才，擁有完美的知性，那就不需要學習了。

不過，笛卡兒告訴我們這是錯誤的觀念。他在《方法談》的第一句話就斷言：

「良知是這世上分配得最公平的東西。」

「良知」法文是 bon sens，可以理解為判斷力或明白清晰的知覺。笛卡兒認為「良知」是與生俱來的，也就是說，每個人擁有的頭腦條件都是差不多的。

既然每個人生下來都具有良知，何以高下越來越懸殊？

厭惡的意識妨礙我們進步

這一點大家多少心裡有數吧？討厭數字的人，想必小學上算術課都在偷懶。

討厭作文的人，在國語課或作文課上也沒有盡力吧。

我小時候也不喜歡算術，一直在逃避數學，看到數字就退避三舍。這對一個商業人士來說是很致命的缺點，為此我吃了不少苦頭。

只是，人在必要的情況下，再怎麼討厭的事情也得辦到。我在成為商業人士後，拚命學習財務會計來補足閱讀數字和計算的能力。

後來我發現，其實只要肯下功夫，沒有什麼辦不到的。我一向以為自己缺乏理解數字的能力，但根本沒有那回事。當然，我是不認為自己有辦法當上數學家啦。

如何鍛鍊和運用才是重點

人類只要經過努力，在任何層面上都能達到一般社會要求的水準，說不定還有機會再創高峰。

對我來說哲學就是一例。起初我修習哲學知識，是想用來啟發自我，現在我卻成了一位哲學專家。

連這種事都有可能了，代表腦袋條件不是重點，如何鍛鍊和運用良知才是關鍵。

笛卡兒告訴我們的正是這個道理。

「只有聰明才智是不夠的，重點在於如何運用。」

退一步說好了，縱使天生的智能有別，只要懂得運用頭腦的方法，還是能夠成功。

換個說法，就是你要懂得如何思考事情。

舉例來說吧。一加一等於二，這是誰都知道的常識。

不過，對於一加一等於多少這個問題，你可以像機械一樣直接回答「二」。或是思考其他的可能性，回答「在化學反應的作用下，有無限可能」，或「性質不變，依舊是一」。這三者之間有極大的差距。

人類越是動腦思考，越能想出新的答案。智商再怎麼高超，不使用的話也沒意義。

知識多寡也是一樣的道理。獲得知識是很重要的事情，但光是獲得知識，無法讓你鶴立雞群。

當大家擁有同樣的知識，決定高低的終究是思考方式。

也可以說，各種自我啟發的重點，在於積極促進自己的思考能力。

思考 2

教導別人的時候，要有絕對的自信

「負責傳道授業的人，一定認為自己的知性比學生高明。」

謙虛和沒自信是兩回事

不管從事任何工作，其中都有「向別人傳授知識」的部分。

像我在大學任教，「傳授知識」就是我工作的核心了。

可是仔細想想，過去我當上班族或公務員也是一樣。

好比在企業上班時，我有一項業務是向客戶傳達商品知識。擔任公務員時，我也有義務說明法律或新制度。想當然，向上司或同僚解釋問題更是家常便飯。

從我個人經驗來看，向別人說明事情時，最不能缺乏的就是自信。掌握正確內容和言簡意賅固然重要，但我們更應該注意的是要有自信。

這對謙虛的日本人來說並不容易。謙虛本身是好事，讓自己看起來缺乏自信，可就弄巧成拙了。

尤其在早晨要特別注意。性格溫和低調的日本人，很難一大早就神采飛揚。

美國人習慣一大早先去健身房運動再上班，跟我們完全不一樣。我有些朋友，就把肌肉看得比精神食糧還重要。

相較之下，日本人無時無刻保持著纖細敏銳的神經，因此一大早要提醒自己表現充滿自信的風采。

比任何人都精通

笛卡兒的這句箴言，對日本人特別有效。

「負責傳道授業的人，一定認為自己的知性比學生高明。」

治學嚴謹的笛卡兒，講出來的話就是不一樣。這句話非常有道理，在教導別人某些事情的時候，你必須相信自己是最清楚的，因為對方也有同樣的想法。達到這樣的狀態後，我們才有辦法掌握自信。

反過來說，我們在教導別人時，必須處在比任何人都精通嫻熟的狀態下。沒有根據的自信毫無意義，我們應該付出極大的努力來獲得知識。做到這一點後，懷抱自信替人傳道解惑，這是最為理想的情況。

各位想像一下，假設你遇到一位缺乏自信的醫師，請問你作何感想？

「我猜吃這個藥會好啦……」、「動手術大概就沒問題了啦……」，聽到醫師這種缺乏自信的語氣，你一定會很不安吧？

「動手術保證會康復！」醫師起碼要有這樣的態度，病人才願意給他開刀吧。

充滿自信斷言吧

用醫師當例子或許是極端了一點，但這個道理適用在任何職業上，就連我擅長的哲學也是如此。

笛卡兒對哲學做出了下面的評價。

「哲學在任何層面，都能談得煞有其事，藉以獲得學識淺薄的人之欽佩。」

確實，哲學家的功用就是直指事物的本質。好比用堅定的語氣，斷言自由或愛情該有怎樣的面貌等等。

如果一個哲學家用缺乏自信的語氣說明自由，根本就沒有任何說服力。用充滿自信的語氣斷言，不僅值得信賴，甚至能成為座右銘。

笛卡兒在這一點替我們做了表率。光看前面引用的幾句話，全都是鐵口直斷的語氣，幾乎有自信過頭之嫌了。

然而，笛卡兒說的也沒錯，掌握哲學就能擁有自信。「獲得學識淺薄的人之欽佩」指的就是這麼一回事。

希望這本書也能幫助各位得到白信。

思考 3

好好閱讀世界這部巨大的著作

「今後我決定，只追尋能在自己心裡，或世界這本巨大讀物中找到的學問，並且趁著年輕出外遊歷。」

世界是偉大的著作

各位喜歡出差嗎？

出差的時候必須早起，外出時還容易累積一堆待處理的工作，所以有些人不喜歡出差。不過我倒是滿喜歡的。

離開日常生活的範疇，會形成一種刺激。人偶爾要做一些不同的事情，否則腦筋會越來越遲鈍。

在不一樣的時間場合，從事不一樣的工作，交流的對象自然也不一樣。

前往海外出差，無疑會是更大的刺激。對我這種整天泡在書裡的人來說，旅行又是不一樣的學養了，因為旅途中有書本缺乏的資訊。這跟笛卡兒說的道理，有異曲同工之妙。

「今後我決定，只追尋能在自己心裡，或世界這本巨大讀物中找到的學問，並且趁著年輕出外遊歷。」

事實上，笛卡兒也真的在歐洲四處旅行。

把世界形容成巨大的著作，也挺貼切的。笛卡兒是一位哲學家，一切事物都是他用來獲得資訊的著作。其中，世界更是巨大無比的著作。

這裡所說的「巨大」包含了兩個意思。

一者是指「規模浩瀚」。

再者是「偉大」之意。

規模浩瀚這就不用多提了。

書本中的知識和實際所見有很大的差異。我在寫真集和電視上看過尼加拉瀑布好幾次，但親眼所見還是令我大受震撼。

同理，世界的「偉大」之處在於，它能教導我們書中學不到的東西。世界有本事教導我們書中沒有的知識，「偉大」之稱確實當之無愧。

向實物學習

世界上有些東西是必須親自體會才能理解。

我到奧斯威辛集中營的時候，對此有很深的體認。奧斯威辛集中營的意涵，沒有親自去到那裡是無法體會的。

所以「實地」精神才如此重要。圖像技術再怎麼發達，虛擬的東西終究是虛擬的，氣息完全無法相提並論。

笛卡兒也從世界這部巨大的著作中，學到很多東西。從下一段話，我們可以看出一點端倪。

「意見與我們相左的人，不代表他們野蠻或未開化，許多人的理性與我們相等，甚至在我們之上。」

世界上有很多我們不知道的事情，能夠帶給我們啟發。當然，也不是非得去前人未曾探訪的祕境不可。在國內出差，也能學到很多東西。

這主要是心態的問題，有心想學的話，外在世界自有無限的法門。道路哪裡都有，每一條都不一樣。不同道路有不同道路的意義和歷史。區區道路已然如此，食物、公園、神社、寺廟當中，更有學習不盡的知識存在。重點是你對這些東西，是否有興趣了解。

最近我有兩次機會去四國。我發現出差時，有沒有謹記笛卡兒的箴言，結果真的差很多。

第一次去的時候渾渾噩噩，四國純粹是我多次造訪過的老地方罷了。

第二次去的時候，我已經決定要寫這本書了，笛卡兒的箴言一直在我腦子裡。沒想到故地重遊，竟然就像初次前往的外國一樣，真是令我驚嘆不已。

說不定，司空見慣的通勤路上也隱藏同樣的驚喜。

思考4

靠自己完成功業

「集合各種零件且出自眾人之手的作品，往往沒有獨自完成的作品完美。」

仗著人多容易鬆懈

大家是喜歡團隊合作呢？還是喜歡獨力作業？

我想這個問題的答案，取決不同的性格吧。

以我個人來說，我就比較喜歡獨力作業。當然，我也不是一直獨來獨往的。

有時候，我也會想依靠團隊。再者，很多工作都需要團隊合作。在團隊合作之際，最大的問題是「該如何自處」。

我基本上喜歡獨力作業，加入團隊後很容易鬆懈下來。這大概是因為，我會有一種人多勢眾的安心感吧。應該說，我只有在沒信心獨力作業時，才會想依靠團隊。也因此，我更容易去仰賴別人的助力。

不要分散責任

不過，團隊合作和獨力作業主要還是大同小異的。每個人要負責做好自己的工作，就這麼簡單。整個團隊採用分工合作的模式，大家一起承擔責任和風險。

關於這一點，笛卡兒的意見是有些極端，但也確實振聾發聵。

「集合各種零件且出自眾人之手的作品，往往沒有獨自完成的作品完美。」

換言之，自己從頭到尾負責的作品，完成度比多人聯手的作品要來得高。一般人都認為，人多比較容易做出優秀的東西。可是，這也等於每個人在各方面都不必承擔責任，品質降低也是理所當然的。

有這種想法很容易會被視為「傲慢」。大家通常不敢正視當中隱含的真理。所以這句話才特別有價值。

成為專家

仔細想想，一位專家從頭到尾用心做出來的藝品，一定比工廠裡按部就班做出來的東西更加堅韌高級。

沒錯，不論我們從事何種工作，都要努力成為這種專家。

如果每個人都抱持專業的態度，從頭到尾努力完成自己的工作，那麼就算團隊合作也不至於消極地逃避責任或風險。整天想著依賴別人，是絕對幹不出好成果的。

其實這個道理，也適用在掌握工作技巧的過程上。關於這一點，笛卡兒的意見也挺激進的。

他說，我們從小就受到欲望和師長的擺布。

小孩子什麼都不懂，在師長的引領下學習是很自然的事情。不過，這不見得是正確的方法。

「每個老師的意見總是互相牴觸，不見得哪位老師會告訴我們最好的答案。」

笛卡兒認為，我們不該完全接受師長的指導，因為他們不一定總是正確的。這意見真令人吃驚，但仔細思考不難發現，當中也含有某些真理。

我也是為人師表的人，我總是告誡自己，教師並不是完美無缺的存在。嚴格來講，學生擁有批判精神才是一件好事。

小孩子依賴別人還算情有可原，偏偏出社會的大人也沒有好到哪去。我們在接觸新工作的時候，總想依賴前輩或上一任的幫助，這有時候不是好事情。

找出自己相信的正確方法，負責完成工作吧！

輕鬆的路途沒有回報

「承襲舊體制的缺點，比改革組織更容易忍耐。」

改革組織是很辛苦的事情

各位的職場待起來還舒適嗎？

在自己喜歡的職場工作，上班心情也會特別舒暢，很不可思議對吧？同樣是工作賺錢，誰都想做得愉快一點嘛。

那麼，職場舒適與否的條件，取決於什麼呢？

第一是物理環境，一般來說骯髒、悶熱、寒冷的環境很難感到舒適。沒有陽光的地方也不行，充滿霉味的場所更是糟糕透頂。想當然，從安全衛生的觀點來看至少要有基礎的水平。

第二是人，可惜我們沒辦法挑選自己的同僚。再者，好人在某些狀況下也有可能變成討厭的人，重要的是組織的架構。

組織的架構完善，人際關係自然暢達。人際關係的癥結，多半出在工作分配不均、指揮系統混亂等等，簡言之就是管理問題。

只是，不管是物理環境或組織架構，這都是人有能力去改變的東西。成功改變組織架構，舒適的職場也就手到擒來了，純粹是願不願意去實踐而已。

很多組織知道本身缺點，卻無法厲行改善。笛卡兒也點出了這個問題：

「承襲舊體制的缺點，比改革組織更容易忍耐。」

即使明知缺點何在，著手改善仍需花上龐大的心力。這在任何問題上都是一樣的。

例如打掃房間這麼簡單的事情，我們明知有打掃的必要，但開始動手後又嫌麻煩，所以選擇忍耐髒亂。簡單的事情尚且如此，更遑論複雜的組織問題了。

不要苟且偷安

可是，明知問題存在卻仍照舊，這麼做得不到任何好處。想立新，就得先破舊。

破舊立新需要果敢的判斷力，沒有判斷力就容易苟且偷安，這是很沒有效率的事情。

笛卡兒感嘆，這世上充斥著兩種沒有判斷力的人。

第一種人是「自以為很有能力，急著做出倉促的判斷，又沒有耐性合理地推導自己的思考。」

第二種人是「區別真偽的能力不如別人，卻有理性和謙遜之心向其他人學習，他們滿足於聽從別人的意見，不主動追尋更好的答案。」

第一種人到頭來雜念太多，陷入無法判斷的窘境。笛卡兒很嚴厲地批判，認為他們永遠無法找到自己要走的路。

的確，過於相信自己的能力，各種決策都想一把抓的人，容易走入無法下達判斷的死胡同之中。

這種人只需要立定兩個決策就好。

也就是歸納出主要計畫和次要計畫，再從中決定，否則根本沒完沒了。

第二種人反而需要多一點的自信。

不相信自己判斷正確，就沒辦法做出判斷。

這種人最好養成宣誓的習慣，保證自己要在何時做出決定。這樣一來，就沒有因循苟且的退路了。

輕鬆的路途沒有回報。

請謹記這一點，勇敢進行改革吧。我也先從整理環境開始好了……

思考 6

創新，欲速則不達

「人類意識到的一切，都是用同樣的方式串聯在一起的。只要不把虛偽視為真實，遵守必要的順序進行推論，則再遙遠的目標都能達到，再隱諱的祕密都能發現。」

創新的法則

「創新」稱得上是現代社會的關鍵字了。

在商場、文化、生活中都要求創新，也許我們個人也需要這個元素。

過去創新一詞，主要在經濟學或經營學的領域中，被譯為革新或嶄新結合的意思。

不過，現在創新擁有更複雜的涵義。簡單說，所有創造出新價值的事物，都被冠上了創新一詞。

那麼，為什麼各個領域都疾呼創新呢？

原因在於「遭遇瓶頸」。

很遺憾，當今我們的社會也有制度疲乏的問題。

經濟成熟化和人口高齡化，使得社會的未來模糊不定。

大家疾呼創新，就是要打破這種閉塞的狀態。

問題是，創新雖然有其必要性，卻沒有固定的方法來達成。

有些學者專門在研究創新，但至今還沒有研究出保證成功的方法。

連方法都還沒確立，更不可能有通用的法則了。

著實地循理辨證

這時候我們可以從哲學經典中尋求啟示。

我們來看笛卡兒下面這句話。

「人類意識到的一切，都是用同樣的方式串聯在一起的。只要不把虛偽視為真實，遵守必要的順序進行推論，則再遙遠的目標都能達到，再隱諱的祕密都能發現。」

這段引得有點長，內容其實很單純。

換言之，按照正確的步驟推導，一定可以找到答案。

所謂的「推導」，意指用推理的方式串聯各種邏輯，有點類似聯想遊戲。

不過，推導和聯想遊戲的差異在於，必須一直選擇正確的途徑，不能馬虎了事。

笛卡兒以數學為例，數學的計算和證明要按照邏輯進行，用敷衍塞責的態度是得不出答案的。

聽我這麼說，大概有人會反駁我，創新就是隨興發揮才有成果對吧。

確實，要孕育出打破常識的東西，用隨興發揮的方式期待偶然發生也是一個辦法，只是不保證一定會有創新的事物發生。

也正因如此，笛卡兒才主張「欲速則不達」。

著實地循理辨證也許要花上一些時間，但一定能找出答案，這才是重點。

先從最簡單的地方著手

那麼，我們該從哪裡開始檢討呢？

例如要製作新商品的時候，先訂立出革新商品的企畫。

笛卡兒的箴言在這裡也派得上用場，他說：

「我很輕易就知道，該從何處開始探尋。因為我已經曉得，要從最單純、最容易理解的東西開始下手。」

沒錯，這一點也不困難，從最簡單的地方開始就好了。

還有比這更簡單的法則嗎！

我們該在意的是目標，而不是起點。

使用笛卡兒這種推導的思考方式，重點在於如何推導。

在起點上鑽牛角尖，容易錯失良機。早點起步，踏實地向前邁進才是良策。

這便是笛卡兒提倡的創新要訣了。

思考 7

選擇中庸就對了

「在大家認同的意見之中，我會選擇最中庸、穩健的那一種。」

選擇中庸

各位在猶豫不決的時候，是用什麼基準來判斷的？利益？好惡？衝擊性？

用「利益」來選擇是想當然的事，但在兩難或有風險的情況下還是難免會猶豫吧。

憑「好惡」來選擇雖然簡單明快，問題是結果如何不得而知，最重要的是容易受人責難。

至於視「衝擊性」大小來決定，這簡直就是在賭博，或許只有藝術家才適合這樣做吧。

每一種都各有優缺點，笛卡兒是怎麼做的呢？他說：

「在大家認同的意見之中，我會選擇最中庸、穩健的那一種。」

這也就是所謂的中庸之道了。

換言之，笛卡兒叫我們選擇中間的方法就對了。

那麼，為何中庸才是最棒的判斷基準？

笛卡兒舉了兩個理由。

首先，依照過去的經驗，極端的事物通常有害。

再來，當你發現自己犯錯時，從極端導回正軌非常花時間。最初的理由我們都懂。

的確，選擇極端的事物經常會後悔。

尤其在設計的層面上更是如此。例如我們買了一套自以為漂亮的衣服，偏偏款式太過極端，穿幾次很快就膩了。而且大家印象深刻，也沒辦法穿很多次。

第二個理由很有趣吧，以犯錯為前提來考量是很特別的想法。我們確實沒有想到，採行中庸之道的話，亡羊補牢的速度也比較快。

笛卡兒說的有道理，採行中庸之道，犯錯後只要略微修正就夠了。人是一定會犯錯的生物，這是一個很實際的理由。

逞強行事都屬極端

我們已經知道選擇中庸是正確的決定，但接下來的問題是，什麼才算中庸之道呢？笛卡兒舉了一個有趣的例子：

「限制我們某些自由的約定，就是極端。」

損害自由就是極端，反之都是中庸。

意思是，強迫自己忍耐或逞強的狀態都是不行的。

假設有幾個活動企畫要處理。

一個企畫的利潤豐厚，但每天要忍受長時間的勞動。

另一個企畫的利潤較低，推動起來卻比較容易。

這時候你該選擇哪一個？

重視利益的人一定會選擇前者。不過，逞強是一種極端，了解這個道理的人就會選擇後者了。

這個判斷基準不只適用在工作上，生活中的各種判斷也同樣用得到。

人類是不該逞強的，笛卡兒認為那是在損害自由。

日本人加班過度是舉世聞名的事情，平常已經工作到很晚了，假日還要去公司上班。而且又不肯休長假，男性也絕不休陪產假。這不僅對精神和肉體產生極大負擔，還會失去最重要的東西。

那就是人類的自由。這句話很有哲理對吧。

不論古今中外，中庸都是備受推崇的真理。

西洋的古希臘哲學家亞里斯多德，乃至東方的孔子都提倡中庸的好處。選擇中庸之道的人，是有德性的人，因為那是最困難的選擇。

年輕人總嚮往極端的事物。戰勝誘惑甘於平凡，這需要多方修煉才辦得到。

像我這種人，每次都點一堆自己吃不下的東西再來後悔，這就是缺乏修煉的寫照了。

思考 8

已經決定的事，就不要後悔

「我的第二準則是，對於自己的行動盡可能果決。再怎麼可疑的意見，都要視為是可靠的，只要一經決定就要貫徹到底。」

早上決定的事情，至少要貫徹到晚上

各位會在一日之際訂立計畫嗎？

我就習慣這樣。

當然，大部分的行程我會事先決定好，但有很多事情要到當天才會知道。

所以我習慣在早上訂立計畫。

正確來說，是些微調整計畫才對。早上透過簡訊或簡單的會議，修正情況有變的部分。

我都是這樣開始漫長的一天。

儘管如此，一天之中總有各種事情發生，很難完全照計畫進行。這種情況下，我會在可行的範圍內靈活應變。

有時候想要晚點處理的工作，必須配合顧客的要求先行處理。顧客也有顧客的難處，我也只好和顏悅色地改變計畫了。

跟團隊或組織一起進行的工作，或是和別人互動的工作，很難完全照自己的決定行動。每次都抱怨很容易失去信賴，大家會覺得你這個人很難搞。

可是靈活如我，有些事情在早上決定後也絕對不會更改。

那就是當天的工作進度。

今天決定處理的事情，我就會當成必須恪守的工作進度，不帶任何妥協完成。

這跟笛卡兒的格律是一致的。所謂的「格律」有點類似個人準則，笛卡兒是這樣形容的：

「我的第二準則是，對於自己的行動盡可能果決。再怎麼可疑的意見，都要視為是可靠的，只要一經決定就要貫徹到底。」

換句話說，決定好的事情就不要猶豫了。

他的比喻十分巧妙，當一個旅人在森林裡迷路，千萬不可以到處亂走。要筆直前進才有辦法走出森林。

這樣講我們就懂了，工作就像浩瀚的森林。不對，人生本身就是浩瀚的森林。

因此我們唯有勇往直前，決定好的事情就不要後悔。

笛卡兒說，這樣做才能「擺脫一切的後悔與良心不安」。

確實，勇往直前不論後果如何，至少不會留下悔恨；優柔寡斷導致的失敗，勢必令人後悔莫及。

為什麼我絕不變更自己的工作進度呢？因為一變更就會因循怠惰。最後進度越積越多，很有可能什麼事也做不好，這就跟在森林裡迷路一樣。

往哪邊衝才是正確的？

問題是，我們不曉得自己前進的方向是否正確。

工作進度是量化的東西，正確與否馬上就看得出來了。

不過像將來的夢想這一類籠統的事物，判斷就比較困難了。

究竟該不該勇往直前呢？笛卡兒下面這段話，我們可以拿來參考。

「無法分清哪種意見最正確的時候，應該選擇或然性最高的那一種。」

法。

我們不是上帝，也只好遵從或然性較高、較確實的意見了，這才是最好的辦

靈活是很重要的事情。

然而，不該退讓的事情就要貫徹到底，這種堅定的意志也同樣重要。朝令夕

改不是好事情，對自己也沒有好處。

早上決定的事情，至少貫徹到晚上吧，各位不妨試著這樣要求自己。

擁有信念，就無所畏懼了

「我的第三準則是，與其克服命運，不如克服自己；與其改變世界秩序，不如改變自己的欲望。並且我習慣說服自己，一般來說只有我們的思想可以完全由我們自主。」

只有思想是自由的

各位有自己的信念嗎？

所謂的信念，是指我們的根本思想。

以我個人來說，「好好活著」就是我的信念。

這是哲學之父蘇格拉底提出的哲學目的，對此我也有所共鳴。

每當我這樣講，總有人問我「好好活著是怎麼一回事」？

這句話很難用三言兩語解釋清楚。我認為這句話的意思，是自己能夠接受的生活方式。

哪些東西是正確的，哪些東西又是真實的？誰也不知道。

想必只有上帝才知道吧。

可是，我們心裡都有一個自己認定的答案，想遵從那個答案生存下去。

就以「不傷害別人」為例，乍看之下非常理所當然對吧？

然而，不是每一個人都覺得這句話是正確的。

只是對我來說，不傷害別人的生活方式才是正確的。而遵從這種信念生活，就代表好好活著的意思。這也可以稱之為「思想」。

對於這樣的思想，笛卡兒做出下面的評論：

「我的第三準則是，與其克服命運，不如克服自己；與其改變世界秩序，不如改變自己的欲望。並且我習慣說服自己，一般來說只有我們的思想可以完全由我們自主。」

只有思想能帶給我們自由，笛卡兒要我們相信這一點，堅強地活下去。這裡的思想，也能換成前述的信念或宗教。

信仰虔誠的人確實很堅強。

我沒有信仰特定宗教的福份，所以我把自己的信念，視為無可動搖的思想。

抱持信念，就不會動搖了

像這樣擁有信念，就無所畏懼了。

不管別人怎麼說，我們都不會去做違反信念的事情。

哪怕主管或公司胡說八道，也有否決的膽量。這是消除不公不義的重要素養。

當然，我不是叫各位變成頑固的人，冥頑不靈和貫徹信念是兩回事。敞開心胸聆聽別人的意見，不要隨波逐流就好。

接受命運

擁有信念的人，不會受欲望擺布。就某種意義來說，欲望是最可怕的東西。欲望會誘惑我們，害我們犯下過錯。

克制不了欲望的人，往往容易做奸犯科。況且欲念深重的人多半貪婪成性，根本不懂何謂知足。關於這一點，笛卡兒說了一句至理名言：

「若將『必然視為一種德性』，則生病就不會奢望健康，身陷囹圄就不會奢望自由。」

換言之，不要把自己的處境視為成之在我，就不會有多餘的奢求了。生病本來就是無可奈何的事情，將這種情況視為理所當然，才不至於怨天尤人，害自己陷入不幸的深淵。

世上有很多無可奈何的事情，每次遇到這些事就怨天尤人，反而會越來越不幸。

與其這樣不如泰然處之，幸福地過日子比較好。

能否辦到，端看我們的態度和信念。

因此，有信念的人無所畏懼。

疾病或命運，也嚇唬不了我們的。

思考 10

不思考，就等於不存在

「我認定『我思，故我在』是十分確切可靠的真理，任何懷疑派的荒唐假設都無法使其動搖。因此我毫不猶豫地採納它，作為我尋求的哲學第一原理。」

哲學是最強的學問

什麼事情有辦法在任何情況下進行？

例如在下雨、飄雪、行走的過程中，或是在摩肩接踵的通勤電車裡。

答案大概也只有思考了吧。

我一直強調「哲學是最強的學問」，這有幾個理由。第一個理由是，哲學可以在任何情況下進行。

畢竟哲學就是思考，笛卡兒認為思考是人類的本質，他表示：

「我認定『我思，故我在』是十分確切可靠的真理，任何懷疑派的荒唐假設都無法使其動搖。因此我毫不猶豫地採納它，作為我尋求的哲學第一原理。」

這就是那句名言「我思，故我在」的由來了。

換言之，世上的任何事物都值得懷疑，唯有自己「正在懷疑、思考」這件事，是無可動搖的事實。

於是笛卡兒從思考當中，追尋人類的存在本質。

懂得用腦才是人

而這也代表，不懂思考是不符合人性的事情。

越常動腦思考，就越是有人性。

思考是人類的特權。事實上，多虧高度思考的能力，人類才得以立足在萬物之上。

光靠蠻力搏鬥，有一堆動物比我們厲害。但在不限制手段的情況下，人類無疑是最強大的，因為我們懂得使用頭腦。

我喜歡人類的思考能力，喜歡到無法自拔的地步。

所以我每天盡可能動腦思考，相信大家也知道為什麼我喜歡哲學了。

在通勤電車上思考

我的個性很怕麻煩，連拿東西都嫌懶。

我討厭準備實驗，更不喜歡拿著電腦到處晃。

不過，研究哲學有一顆腦袋就夠了。

笛卡兒也強調過這件事：

「我是一個本體，其本質和本性僅在於思考。思考的存在不需要任何場所，也不必依賴任何物質。」

思考不需要場所，也不必依賴其他事物。

世上還有比這更厲害的東西嗎？

如今科技日新月異，可隨身攜帶的電子產品也十分普及。

智慧型手機也越來越便利了。

每次看到那些使用高科技產品的人，我就會想到南方島嶼的族長椎阿比，在《破天而降的文明人》一書中，揶揄巴巴拉吉（白人）外觀的橋段。

椎阿比是這麼說的：「巴巴拉吉的腳上，包著柔軟的皮革和堅硬的皮革。他們的腳有股難聞的味道，一定是快壞死了。」意思是，他不懂為何文明人要特地穿鞋子和襪子，搞到自己罹患香港腳。

說不定我們太依賴高科技產品，思考能力才會下降。

最好的證據就是，某些人一有任何疑問，就急急忙忙上網找答案。幾年前，甚至還有學生在大學的入學考試時，上網請教考卷問題，引起了軒然大波。很難以置信對吧？

在思考前 Google（上網搜尋答案），已成為理所當然了。不對，應該說「思考已經和 Google 同義化」才對。

人之所以為人，在於我們需要持續思考。

在繁忙的日常生活中，很少有時間仔細思考，何不有效利用通勤時間呢？

當我們每天早上通勤，忍受著非人的擁擠待遇時，請務必從事「思考」這種最有人性的行為，保證一大早就能帶給我們勇氣。

思考 11

你的大腦其實比ＡＩ更厲害

「機器無法排列出各種語句，按照別人的語意給予回應，而這是最愚蠢的人類也能辦到的事情。」

機器比人類強嗎？

目前人類最大的威脅是什麼？

據說是ＡＩ（人工智能）。

ＡＩ打敗西洋棋的世界冠軍，挑戰大學入學考，最近還會創作小說。有人擔心，人類的工作統統會被機器取代。

甚至有人提出更可怕的預測。

那就是AI可能視人類為敵手，或是把人類當成地球的禍害，對我們發動攻擊。這種科幻小說般的世界，已經離我們這麼近了。

對於這件事專家們各有歧見，但我認為這是有可能發生的。

不過，對於AI有本事勝過人類這一點，我是抱持懷疑的態度。

其實這類議論也不是現在才有，近世的笛卡兒也有討論過，他的看法如下：

「機器無法排列出各種語句，按照別人的語意給予回應，而這是最愚蠢的人類也能辦到的事情。」

換言之，笛卡兒認為機器可能擁有和人類相同的能力，只是在程度上比人類低劣。

他舉的例子是回答能力。
人類有辦法回答任何問題，機器就沒辦法。
當然，笛卡兒的時代沒有電腦那種東西，這點我們必須考量進去。
可是，即便是現代社會，這部分也還沒有成果。

人類的頭腦是萬能、無限的

電腦可以演算無盡的模式，但終究是計算而已，無法提供答案。
相對地，人類有創造的能力。
不對，或許就連創造也有一定的模式吧。
人類採取再怎麼意外的思考方式，ＡＩ都有可能模仿。
人類的頭腦和ＡＩ，構造是否相同呢？
關於這一點，笛卡兒表示：

「理性是適用於各種場合的泛用道具，其他部件則需要各別配置才能進行指定的動作。」

笛卡兒說人類的頭腦是普遍的道具，機器則需要個別的結構。也就是說，這是普遍和個別的對比。

所謂的普遍，適用在任何情況下。

至於個別，只能適用在特定的情況下。這個對比非常有意思。

人類的頭腦有普遍的適用性，代表頭腦是萬能和無限的。反之，就理論上來說，機器終究是個別的聚合體，孰強孰弱已經很明顯了。

人類永遠走在前頭

ＡＩ本來是模仿人類思維的產物。

不過，人類無限的頭腦一直努力保持優勢地位。於是ＡＩ又模仿我們的行為，簡直就跟你追我跑的遊戲一樣。

然而，你追我跑的重點在於，有一方始終跑在前面，另一方在後面追趕。

這裡值得注意的是，人類的頭腦始終領先ＡＩ。

實際上，我覺得人類的創造性絕不輸給ＡＩ。

哲學跟計算不同，不是單純的理論操作，而是創造的行為，甚至很接近藝術。

如果輸給ＡＩ，哲學家也不用混了。

因此我刻意在此宣言，人類的頭腦遠比ＡＩ更厲害。

要自己探究才有趣

「如果在我年輕時，就有人告訴我多年來探究的真理，讓我學得輕而易舉，那我大概也不會知道其他真理了。」

到手的過程才重要

大家有收集東西的嗜好嗎？

以我來說，我喜歡收集海外大學的用品。例如印有哈佛等名校字樣的T恤、原子筆、磁鐵等等。

我去到任何國家，都會買來當紀念品。

有一次，得知我有這項嗜好的朋友，送給我一個海外大學的鑰匙圈。奇怪的是，我並沒有特別開心。顧慮到那是人家的好意，我還是收下來，儘管我不是真的很想要。

看來我喜歡自己去海外大學，親自購買他們的東西。

我聽說，很多收集者喜歡親自收集嗜好品，這大概是多數人共通的心態吧。

不對，說是「真理」比較貼切，笛卡兒就有說過類似的評語：

「如果在我年輕時，就有人告訴我多年來探究的真理，讓我學得輕而易舉，那我大概也不會知道其他真理了。」

換言之，要靠自己追求才行。

不這樣做就沒樂趣了，況且誠如笛卡兒所言，依賴別人得不到更高的發展性。

收集物品已然如此，探求知識的過程就更加重要了。說句極端一點的，追求的過程和經驗才是重點，有沒有真的到手反而不是大問題。

請各位回想釣魚的經驗，沒有釣到魚也一樣有趣對吧？只重視結果的話，我們去攤販買魚就好了。

靠自己的力量慢慢追尋

關於過程的重要性，笛卡兒是這麼表示的：

「另外他們可以從最簡單的東西開始探究，然後循序漸進，探究更加困難的東西。養成這種習慣，比我教他們的東西更為有用。」

重點在於「循序漸進」。

一步一步猶如解謎一般，而不是一口氣解決問題。

這種過程會帶來一股興奮感。

何況在學習的過程中，這樣做才能學到東西。

考試前一天熬夜學來的文理科知識，很快就會忘記了對吧？

相較之下，經過多次實驗學來的理科知識，或是實際見識到的社會學養，有可能一輩子都留下印象。

假以時日，還會想起自己曾經親身經歷。

所以親自探求是很重要的。

工作也是同樣道理。

就算不是自己負責的工作，好歹也要有實地經驗，哪怕是觀摩也好。

方便的話，最好還是親自體驗一下。

畢竟觀摩和實際操作有很大的差異，很多事情看起來簡單，做起來卻很困難。

身為主管就更應該如此了。

萬一部下或後輩處理的工作，是你從來沒有經歷過的業務，我建議你最好實際體驗一次比較好。

往後在下達指示或建言時，說服力保證不同凡響。當你了解對方的心情，就不會說出不切實際的空話了。

傳記一

士兵、旅人、學者：擁有三種面貌的人

讀到這裡，相信大家也從《方法談》中學到很多有用的知識了吧。說不定，有些讀者會對笛卡兒這個人產生濃厚的興趣。

因此本章最後，將介紹笛卡兒寫下《方法談》之前的人生經歷。關於這些傳記或小專欄，等假日再閱讀也無妨。

勒內·笛卡兒生於一五九六年的法國。

他曾於地方上的名校拉弗萊什學院就讀，那是一間天主教的完全中學。他在《方法談》中，也對這間學校讚譽有加。

「我就讀的是歐洲最有名的學校之一，若世上真有學識淵博的人，那一定就在那間學校裡了。」

事實上，笛卡兒在這裡學到拉丁文、希臘文等語文，以及數學、哲學、醫學等各種學問的基礎。

不過笛卡兒也很清楚，光是學習教科書上的學問是不夠的。他認為那些學問都有不足的地方。

這是他和普通學生不同的特質。

尤其在哲學方面，當時學校教的是替基督教正當化的經院哲學。笛卡兒對經院哲學多有不滿，這一點也成為他日後尋思新式方法談的契機。

笛卡兒在拉弗萊什學院畢業後，父親希望他謀得一官半職，於是他前往普瓦捷大學就讀法學。

不料在一六一八年，學業已有小成的笛卡兒成年後，做出了重大的決定。他不顧父親反對，毅然從軍，決定探究「世界這本巨大的讀物」。

話雖如此，他沒有立刻被送上戰場，而是先到著名的軍事學校就讀。他在那裡，邂逅了荷蘭的自然學者以薩・貝克曼。

貝克曼結合數學和自然學的大膽思維，觸發了笛卡兒，幫助他確立日後的研究路線。笛卡兒在這間學校中，努力學習自然學和數學。

一六一九年，笛卡兒前往德意志赴任，那裡是三十年戰爭的爆發地點。他在旅途的過程中遭遇強盜，憑著自身的劍術擊退敵人。

笛卡兒從軍已經夠令人吃驚了，想不到還有這樣的英勇傳說，完全顛覆了哲學家的印象對吧？

其實笛卡兒的英勇傳說不只如此，據說他曾經有英雄救美的事跡，甚至還寫下了類似日本武士道的「劍術」指南。

可惜寒冬來襲，笛卡兒的旅程也就此中斷了。

笛卡兒滯留在紐因堡的某個村落，度過潛心思索的生活。他整天都關在暖爐房裡，回顧過去的經驗。包括在學校裡學到的知識，以及在世上旅行所獲得的經驗。

這時發生一件不可思議的事情，他在某天晚上連續做了三個夢。第一個夢境是被亡靈威脅，第二個夢境是被雷電擊中，第三個夢境是羅馬詩人奧索尼烏斯的詩句「我的人生該何去何從」出現在夢中。

這三大夢被稱為「笛卡兒之夢」，在研究者之間受到廣泛的議論。各個宗教的先知，都有這種類似天啟的神祕體驗。笛卡兒相當於近代哲學的先知，這些夢對他來說也是某種啟示吧。

笛卡兒是這麼分析自己當時的精神狀態的：

「我充滿靈感，持續發現令人驚訝的學問基礎。」

一六二〇年，笛卡兒又踏上旅程了。
這次他花了九年時間，前往法國、義大利等歐洲各地累積經驗。
一六二八年，他隱居荷蘭建構哲學體系，其後二十多年都住在同一個地方。
笛卡兒選擇荷蘭的理由如下：

「這個國家在長年戰亂後，已經有了良好的秩序；駐軍旨在保護人民，使人民安心享受和平的果實。大量的國民充滿活力，關心自己的工作更勝於別人的工作。我在群眾之中，享有繁華都會的便利，又能度過孤獨的隱世生活，就跟在杳無人煙的荒野一樣。」

當時的荷蘭，對笛卡兒來說是最適合專心研究的地方。
正因他找到了適合研究的地方，才得以寫出《方法談》這部名著吧。

常言道「選擇居所」和「選擇結婚對象」同樣重要，笛卡兒確實選對了。

然而，笛卡兒也不是完全一帆風順。

例如在寫下《方法談》之前，他還寫了一部《世界》支持地動說的立場，但他看到伽利略被審判後，就打消出版的念頭了。

好不容易完成的作品無法問世，我也有過這種痛苦經驗，想必笛卡兒很不甘心吧。

幸好他化悲憤為力量，終於在一六三七年出版《方法談》。

這本書算是笛卡兒第一部公開的著作。

在那個年代撰寫學術書籍都是用拉丁文，笛卡兒卻用一般人都懂的通俗法文創作。

他這麼做，也等於是率先實踐《方法談》開頭的訓示：「良知是這世上分配得最公平的東西。」

專欄一

《方法談》是一本怎樣的書？

《方法談》一書的正式名稱很冗長，全名是《談談正確運用自己的理性在各門學問裡尋求真理的方法，以及其方法的試論（折光學、氣象學、幾何學）》。

其實，我們稱呼的《方法談》只是這個冗長標題的其中一部分而已。整本書有五百頁以上，多半是科學論文。最初的七十八頁是全體的序文，這部分就是所謂的《方法談》了。

《方法談》的篇幅不長，卻有六部之多。笛卡兒在本文開始之前已有簡略記載，內容摘要如下：

「各位可以看到，第一部分是各種學問的考證，第二部分是我所尋求方法的主要規則。第三部分是我從方法中引導出的道德規則，第四部分是我證明上帝存在和人類靈魂存在的根據，亦即我的形上學基礎。第五部分是我研究過的自然科學的各種問題，尤其是對心臟運動或其他醫學方面的釋疑，以及我們的靈魂與動物靈魂有何區別，最後一部分（第六部）是我認為在探究自然方面，需要思考什麼才能更進一步，還有我撰寫此書的理由。」

至於具體的描述，就跟文章裡提到的一樣。第一部分到第四部分，是闡述笛卡兒發現的哲學方法。只是，有鑑於第五和第六部分的內容，以及整本書幾乎都是科學論文，笛卡兒在這部著作中真正想探討的其實是科學。

主要的內容「折光學」、「氣象學」、「幾何學」被合稱為「三大試論」，我們不探討這些科學內容，但這些學說在那個年代是最先進的議題。這也是身為哲學家的笛卡兒，被視為科學家的原因了。

第二章

堅強意志可以逆轉勝
——《沉思錄》

思考 13

憑著哲學鶴立雞群

「適合研究形上學的人，比適合研究幾何學的人少。」

適合研究哲學的人不多

大家喜歡什麼樣的學問呢？
考量到商業或景氣因素，也許是經濟學吧？
生在高科技時代，也有可能是工學吧？
或者，會拿起這本笛卡兒的讀者，喜歡的是哲學？

在大學任教的經驗告訴我一個事實，那就是性格會影響到喜好的學問。喜歡工學的人多半性格相近，喜歡哲學的人也有相同的特徵。我們的教育把學問粗糙地分為文科和理科。這種理所當然的區分方式，我個人不是很贊同。

話雖如此，將各種學問一分為二的大膽思維，我有時也深有共鳴。因為要看穿事物的本質，有些時候必須採用這種大膽的歸納法。

我個人也有一套畫分學問的方式。

那就是「哲學和其他」。

聽我這樣講，各位大概很好奇吧？為什麼要讓如此冷門的學問自成一格呢？的確，哲學是很冷門沒錯。但我這麼區分是有理由的，且看笛卡兒的說法：

「適合研究形上學的人，比適合研究幾何學的人少。」

這裡說的形上學研究，當成哲學研究也無妨。
而所謂的幾何學研究，則是奠定於其他理論的學問。
換句話說，笛卡兒認為和其他的學問相比，適合研究哲學的人並不多。
他用合不合適來區分兩者是有理由的。

累積知識的幾何學

按照笛卡兒的說法，像幾何學這一類的學問，需要「確切的明證」。也就是要求絕對正確的解答。

這是很多學問共通的重要元素，也不光是幾何學才有。

經濟學和工程學也是一樣的。

擁有絕對正解的學問，很難評析專業領域以外的事情，所以無法建立打破常識的大膽假設。

那些學問是以過去累積的知識為基礎，無論那些累積是否正確，後來的人往往接著再做一些類似補充的行為。

這種情況下，如果有人產生錯誤，錯誤可能會延續下去。

反對知識累積的哲學

對於這點，哲學有完全不同的態度。

我們來看看笛卡兒的說法：

「在哲學方面，大家都認為一切是可議的，所以探究真理的人並不多，大多數的人刻意攻擊那些最好的真理，藉以獲得天才的名聲。」

意思是，一般人認為哲學沒有正解，可任意提出異議，達到天才的境界。笛卡兒反對這種看法，他認為哲學講求的是對累積知識的理性懷疑，目的是為了追求真理，而非博取天才的虛名。

各位的看法又是如何呢？

這種南轅北轍的態度差異，正是區分哲學和其他學問的基準。

喜歡哲學的經常被當成怪人，大概是出於這些原因吧，他們是比較特別的人種。

不過，我覺得笛卡兒說的不無道理。

挑戰既有的知識，我們才有可能追求真理，進而創新。

說是天才也許誇張了一點，但憑著哲學一定有辦法鶴立雞群。

思考 14

回歸事物的本質

「破壞地基會使整棟建築物崩塌，所以我決定從自己過去信賴的事物的原理下手。」

一切都是有關聯的

在改變某些事情或解決某些問題時，如何著手是一大關鍵。

這種情況下，我們很容易只看重表面的部分。

就以改善工作為例好了。

通常我們採取的第一步措施，就是重新審查自己正在處理的作業。

這也是理所當然的事情。

不過，很多人到這裡就止步不前了。

當下的工作絕不是單一作業，肯定和其他作業也有關係。

不，或許和我們的生活也息息相關吧。

好比我經常煩惱自己沒有寫作的時間（這也是事實啦）。

這時候我得反思自己的生活模式，否則根本沒辦法改善問題，所以我們在改變前必須看出問題的癥結。

改變根本

對此，笛卡兒的解釋如下：

「破壞地基會使整棟建築物崩塌，所以我決定從自己過去信賴的事物的原理下手。」

換言之，在圖謀變革的時候，要從根本的地方下手，但不是要一舉搗毀根基，而是改變先前的立論根據。這樣一來，剩下的事情就會自動改善了。

這種觀念也適合拿來破舊立新，畢竟任何事情都有其依據。制定法律的時候也是如此。一旦改變憲法這個根本大法，其他相關的法律也會跟著調整改變。

根據我的個人經驗，用頭痛醫頭、腳痛醫腳的方式來改革，往往容易出紕漏，有緩不濟急之嫌。

從根本改變反而比較快。

越是重要的工作，越該耐心等待時機

也許各位覺得，從根本改變是一件很困難的事情吧。

改變原理確實是一大工程沒錯。

可是，處理大工程慢慢來也沒關係。

如果是追求速效的工作，那自然是無可奈何。但在其他情況下，我們耐心等待時機就好了。

這道理聽起來有點違反當世的價值觀，其實這時候我們更應該採納哲學的意見。笛卡兒告訴我們：

「這似乎是一項大工程，所以我一直等到年紀已足夠成熟，並且再也沒有更合適的時候才嘗試。」

實際完成過豐功偉業的人，說的話就是有份量。

比起數量和速度，我們更該重視質量。

我想這種觀念也沒什麼不好。

對於改變根本的工作，要好好花時間進行才對。

在思考問題時，這種觀念也派得上用場。

也就是要時常反思事物的根本。

思考不像改變組織構造或工作方法那樣大費周章。

所以，我們要養成反思根本的習慣。

我稱這個方法為「歸根究柢思考法」。碰到任何問題都該「歸根究柢」，而這也是哲學的基本思維。

換言之，從「根本」思考就能探究事物的本質。

探討旁枝末節無法看清事物的本質，看不清本質就無法解決問題，也無法創造出新的東西。

明白道理卻難以實踐的讀者，建議不妨時常把「歸根究柢」這個原則放在心上。

思考 15

要有自己的基準

「當我發現一件確切無比的事實，就有權懷抱極大的希望。」

追求心靈的基準

我寫這本書介紹笛卡兒的思想，並且試著用來改善我們的日常生活。但歸根究柢，笛卡兒的目標到底是什麼？

大家不妨一起來思考一下。

笛卡兒談論過很多事情，他所有的言論都指向一個動機。

那就是「追求確切的事物」。

沒有確切的事物就沒辦法思考，也談不出正確的道理，這是無庸置疑的。

舉例來說，當我們說今天的天氣很溫暖，如果沒有一個基準，就不能確定天氣是否真的溫暖，更談不上什麼程度才叫溫暖。

當我們在批評別人是笨蛋的時候也一樣，我們是以什麼為基準來批評的？說不定在其他人眼中，對方是個非常聰明的人。

請想像一下。

假設有一個穿泳裝走在雪中的人，被一個全裸的男子嘲笑在大雪中竟然穿成那副德性，請問究竟是誰比較愚蠢？

因此我們需要確切的事物。

確切的事物，也可稱之為判斷基準或尺度。

笛卡兒追求用來思考的自我基準。

而這個答案，就是我們前面介紹過的一句名言——「我思，故我在」。這句名言堪稱笛卡兒的代名詞。

亦即絕對不容懷疑的自我意識。

笛卡兒拚命在探求這樣的東西。

從下一段話我們能看出一點端倪。

「當我發現一件確切無比的事實，就有權懷抱極大的希望。」

笛卡兒找到確切的事物，內心懷抱很大的希望，就像一個找到寶物的小孩那樣歡快。其實這也不難理解，找到一生堪用的判斷基準，這是很了不起的事情，這代表他再也不會有判斷上的煩惱了。

人生是一連串的判斷，每一次判斷都帶給我們很大的煩惱。

我們的心中不能缺乏一個泛用的判斷基準。

找到適合自己的基準

話雖如此，笛卡兒沒說那個泛用的基準，可以拿來判斷任何事情。他的說法謙遜，也證明了他的聰慧賢明。

「我只能判斷自己知道的事情。」

對於「何謂上帝」或「何謂宇宙」這種太浩瀚的疑問，他從沒有做出自以為是的判斷。擁有自己的基準固然重要，但避免得意忘形也是必要的，否則肯定招致失敗。

我就有過慘痛的經驗。

那時候我還不懂哲學，純粹是一個菜鳥員工。

我進入一家大公司任職，自以為很了不起。明明愚蠢無知，卻常對一些不懂的事情下判斷。

我也不是在說謊，而是我真的以為自己很懂。是的，我得意忘形了。

我常在公司外擅自做決定，事後被上司罵到臭頭。上司說我怎麼到處胡說八道，每一天我都後悔得要死。

當時我是用別人的基準來判斷事情，不是用我自己的基準。

我們使用的基準，必須適合自己才行。

再怎麼華美優秀的道具，用不上手就只是單純的累贅。

銳利的刀子很適合拿來打獵，但絕不適合給小孩當玩具，因為保證會受傷。

所以要再三確認比較好。

記得擁有自己的基準！不過，切記要適合自己。

思考16

從資料中找到隱藏的資訊

「我以為親眼目睹的東西，其實只是心靈的判斷力所構成的。」

分析綜合資訊

這是一個資訊的時代。

在我任職的學校裡，統計學是必修科目，對文理組來說都同樣重要。

電腦和網路的發達，造就資訊過度膨脹的時代，如何處理資訊是一大問題。

那麼，什麼是處理資訊呢？

想當然，就是整理和篩選了。不過，這時候最重要的是如何解讀資訊。

同樣一個資訊，經過個別的理解會有完全不同的意義。

例如，某個集團有一本名冊。

對於想了解成員數量的人來說，成員性別無關緊要。

反之，對於想了解成員性別的人來說，成員人數也無關緊要。

這些都是一目了然的資訊，篩選起來還算容易。

如果我們想知道那是一個什麼樣的集團，光看名冊是無法了解的，必須經過資訊分析才行。

好比分析成員姓名，配合其他資訊進行考察等等。

此時我們該用的不是眼睛，而是頭腦。

笛卡兒說，我們看到路人時只看到對方的打扮，沒有真正觀察到對方。他還主張：

「我以為親眼目睹的東西，其實只是心靈的判斷力所構成的。」

換言之，所謂的「看」不是光看表面，而是整體性的判斷。

當別人叫我們觀看某個對象時，應該沒有人只看對方衣著打扮的吧。

我們會看對方的表情動作，從中判斷那個人的性格。

這也稱為觀察力。

分析資料也一樣，我們得考量當中的含意、進行整體判斷，不能只光看表面。

分析能力是可以訓練的

人類天生懂得進行整體性判斷，但程度高低因人而異。每個人的觀察力有優劣之分，分析資料的能力也是如此。

有沒有用心，也會造成很大差異。

沒有細心觀察，自然無法向下挖掘。想要向下挖掘就得跟偵探一樣，思考事件的背景有何要素存在。

這些能力可以透過訓練增強。

除了研究統計學，平常多看報章雜誌，練習拆解事件背景的能力，提高媒體識讀素養；或是閱讀推理小說，增進觀察力都是不錯的方法。

努力改變先入為主的觀念

分析資訊的瓶頸，往往在於先入為主的觀念。

人類先入為主的觀念是很麻煩的東西。一個人的定見太強，就會受到既存的知識誘導，看不到顯而易見的事實。

例如，看到名冊上有人叫浩美或明美，就誤以為是女性的名字。其實，這兩個名字也有男性使用。

連這麼單純的事情，我們都容易犯下錯誤。

那該怎麼辦才好呢？笛卡兒說：

「古老的積習難以抹滅，要多停留在這個階段，花上漫長的時間反省沉思，把嶄新的知識刻畫在記憶之中。」

也就是說，得花時間改變先入為主的觀念。

反覆分析是我們唯一的方法，沒有投機取巧的捷徑。

思考 17

找出背後的原因

「就算一種事物的存在不完美，它在觀念中既能產生客觀的表象，則這種存在並非完全的虛無，更不是無中生有。」

凡事必有原因

不明飛行物體、失蹤、幽靈、麥田圈……

世上有許多原因不明的事情。

解釋這些超自然現象的人氣影集《X檔案》，已經超過兩百集了，這表示人們寧願相信世上有許多原因不明的事情。

扯到不明飛行物體或許誇張了一點，但職場上的確常有原因不明的事件，好比用途不明的金額消耗、系統當機、文件遺失等等……

沒人知道引發這些事件的人物和原因，相信大家也聽過這種說法。不過，這世上不存在沒有原因的事件，笛卡兒是這麼說的：

「就算一種事物的存在不完美，它在觀念中既能產生客觀的表象，則這種存在並非完全的虛無，更不是無中生有。」

這句話是說，觀念不可能無中生有，意思是任何事不會憑空發生。

凡事都有其原因。

用途不明的金額消耗，代表可能有人貪污瀆職；系統當機可能是有人處理大量資料，或是病毒感染造成的；文件遺失必定是整頓和管理出了問題。

我在教書時，也常有學生說他們的檔案不見了，其實仔細找往往找得到。他們隔天多半會一臉尷尬地跑來找我，承認是自己搞錯了。所以學生弄丟檔案的事件，我都戲稱為「S檔案」，因為仔細「搜」保證找得到。

東西只要認真找，沒有找不到的。同理，找出原因也算相對容易。

有些思考純屬表象

反過來說，要找出想法或意見的源頭就不容易了。

我指的是不知為何得出某種結論的情況。

誤會也是這樣造成的。

關於這一點，笛卡兒是這麼解釋的：

「這些觀念的原因類似一種原型。在這之中，所有觀念的客觀實在性都是形式的。」

換言之，浮現心頭的觀念（想法）必有其原型（原因），而原型包含了一切，觀念純粹是外在的表徵而已。

實際上，笛卡兒形容觀念就像光線照射所形成的影像。

注意外在沒有顯現的部分

我們該學習的是，了解「自己的思考純屬表象」這件事。

如此一來，就能留意沒有顯現出來的部分了。

找出所有要素歸納起來，即可照見思緒的原型，也就是原因了。找到原因，解決方案也就呼之欲出了。

就拿對別人的印象來說好了，這樣應該比較好懂。

假設你不喜歡職場上的A某，但你不知道自己為何不喜歡對方。

這時候，你必須先認清一件事，你「不喜歡A某」的觀念純屬表象而已。

再來，請好好觀察、考究Ａ某是個什麼樣的人。

你會發現Ａ某許多不一樣的層面，接著從中找出自己不喜歡對方的原因。

而這個原因，可能是非常出乎意料的理由。

我也有過類似的經驗。我曾經有一個討厭的對象，有一天我看到他在觸摸自己的鞋底。經過仔細觀察後，我又發現他上完廁所都不洗手。彼此衛生觀念的差異，使我對他心生反感。

當然以這個例子來說，知道原因也改變不了什麼啦。

珍惜每一刻

「任何東西要在每一刻中持續保存，需要力量和運作，就如同它在被創造時所耗費的心力一樣。」

「時間」是「瞬間的」非連續集合體

各位有好好珍惜時間嗎？

我對時間很敏感，大家常說我這個人很計較時間。

有一句拉丁文叫「Carpe diem」，被翻譯成「活在當下」。這句話出自古代羅馬詩人賀拉斯的詩集，在羅賓・威廉斯主演的《春風化雨》中也出現過，非常有名。

我很喜歡這句話，甚至可以說沒有一刻或忘。這句話告訴我一個道理，天有不測風雲、人有旦夕禍福，我們要珍惜每一天、每一刻。

時光流逝便不再來，我也不知道自己下一刻是否還存在。正因為我有這種時間觀念，才會特別計較時間吧。

只是，這絕不是消極的想法。

笛卡兒下面這段話中也有明示，他是這麼說的：

「任何東西要在每一刻中持續保存，需要力量和運作，就如同它在被創造時所耗費的心力一樣。」

這又稱為「連續創造假說」。

換言之，笛卡兒把時間當成「瞬間的非連續聚合」，而且「新的時間隨時被創造出來」。

我之所以珍惜每一刻，理由是我跟笛卡兒一樣，把時間當成獨立的每一瞬間。

不論過去達成何種豐功偉業，那都是過去的事情了。講句極端一點的，過去做過好事，不代表現在可以為所欲為。每一次的行為，都會受到個別評斷。

當然，過去的累積是人生的一部分，過去的行為也是我們受人評價的標準之一。

可是，最重要的是「當下」。

這就是重視每一刻的益處之一。

每天重新歸零

益處之二，是笛卡兒後半段提到的「創造」。

既然時間是獨立的每一瞬間，那就代表時間隨時在推陳出新。在嶄新的時間中，所有事物都是新生的。

從這個角度來看，各位就能勇敢歸零，以嶄新的心情面對全新挑戰了對吧？這是最為積極有益的部分。

像這種分秒必爭的時間觀念，雖然有太計較時間之嫌，但我希望各位能了解這是一個非常正面的思維。

用思考連接過去與未來

然而，這個想法也不是全無問題。我們必須解決笛卡兒指出的下列問題，他說：

「我必需反問自己，我是否具備任何能力，可以讓現在的我繼續存在下去。」

是的，假如我們每一刻都在改變，那如何證明我們的連續性？

關於這個問題，我們不妨這樣想：

我們每一刻都在改變沒有錯，但我們有連接每一刻的「思考能力」。

笛卡兒在探討上帝的時候，也有說過類似的論點。

其實先不說上帝，我們確實是用自己的頭腦，來連接每一刻的獨立自我。

努力活在當下，在腦中意識到連接過去與未來的自己。

人類就是這樣的存在。

思考19

不要過於自信

「我發現自己介於上帝和虛無之間，也就是介於絕對存在和非存在之間。」

人類不是上帝

各位對自己有信心嗎？

我算是相當有自信的人，沒有自信是無法在人前發言的。

不過，自信也害我常吃虧。有自信的人，做事往往不懂得拿捏分寸。

這種人會去做一些超出自己能力範圍的事情。

當然，有自信是一件好事。可是，看清自己的能力，培養出和實力相符的自信也是很重要的。

人類的自信是很可怕的東西。當你充滿自信時，很有可能過度膨脹，彷彿自己無所不能一般。

這也不是我才有的毛病。

大多數人都是如此。笛卡兒也表示過下面的看法：

「我發現自己介於上帝和虛無之間，也就是介於絕對存在和非存在之間。」

我們是會犯錯的存在，是在上帝之下的，不像上帝那樣完美無缺。

然而，有時候我們卻自以為跟上帝一樣無所不能。

請試著回想自己成功時的經歷，

那種感覺常被形容成「飛到九霄雲外」對吧。

我們會誤以為自己是上帝。

反之，失敗的時候又如何呢？
是不是消沉到很想死？
實話告訴各位，我這個人就是如此。因為自信這種東西，不是「過度膨脹」就是「付之闕如」。

先培養自信

缺乏自信比過度膨脹更嚴重，務必得克服才行。
所以最重要的是，多累積一些微不足道的成功經驗。
要獲得微不足道的成功經驗並不困難。
例如，每天背五個英文單字。
千萬不要貪功躁進，一天背二十或五十個。
去做輕而易舉的事情促進自己成長，這才是重點所在。

五個單字絕對記得住，何況背五個單字又能獲得成長的喜悅。沒有這份喜悅，就難以養成自信。

也許有人懷疑，才區區五個單字真有辦法培養自信嗎？所以我前面才註明要「累積許多微不足道的成功」。

只有一個微不足道的成功，確實無法培養自信。頂多嘗到一點喜悅之情罷了。成功的數量才是培養自信的關鍵。

這是一種顛覆常識的思維。

與其追求難以到手的巨大成功，搞到自己信心全失，不如多累積一些微不足道的成功，來幫助自己增長信心。數量越多，就越有自信。

缺乏該有的認知才會產生錯誤

好，回到剛才的問題。人類擁有自信以後，難免會有「自以為無所不能」的過度膨脹之嫌。

到了這個地步，我們必須了解自己只是一介凡人，並非完美無缺的存在。這樣一來才能擁有和實力相符的自信。

犯錯不是什麼丟臉的事情。

我們純粹是無知才會犯錯，彌補自己無知的部分就行了。直截了當道個歉，老實承認自己不懂的地方即可。

笛卡兒也說過：

「錯誤不是純粹的否定，而是缺乏我們內在該有的認知。」

仔細想想，自以為無所不能，這本身就是缺乏該有的認知所產生的謬誤。

「了解自己」是避免過度膨脹的必要作業。

各位，你們了解自己嗎？

思考 20

只有意志力是萬能的

「最該注意的是，意志是最完全、最巨大的東西，以至我無法想像自己心裡還有更廣大的觀念。」

意志力甚至可以逆天

我從以前就對超能力有一種憧憬。

例如在天空飛翔、發動心電感應、瞬間移動等等。

我常幻想，如果自己有這些能力就好了。

也不是只有我這樣，相信世上許多小孩都有相同的願望。最好的證據就是，世上有不少描述超能英雄的故事。

有些超能英雄的電影還是拍給大人看的，想必大人也對超能力趨之若鶩吧。

要是能避開摩肩擦踵的人群，用飛的去上班；或是直接從棉被裡瞬間移動到公司，不知該有多好，是吧？

其實，每個人都擁有一項超能力，那就是意志力。

意志力跟神力一樣，都是萬能的。

笛卡兒也這樣形容過。

他曾冷靜地表示，人類並非上帝，唯獨意志力和上帝對等。而關於意志力，他是如此評價的：

「最該注意的是，意志是最完全、最巨大的東西，以至我無法想像自己心裡還有更廣大的觀念。」

笛卡兒竟然說，意志力是最完全、最巨大的存在！

別懷疑，這麼說一點也不誇張。仔細想想，意志高低全看個人，有時候甚至有逆天施為的力量。

笛卡兒列舉的根據也在這裡。

要相信或否定某件事，全看自己的意志。

倘若你否定上帝的存在，那就等同你超越上帝了。

因此，笛卡兒才說自己是無拘無束的。他還補充道：

「我之所以自由，在於我不需要對兩種矛盾採取中立的態度。」

換句話說，他凡事自己決定，就這層意義來說他是自由的。

聽我這麼說也許有人會反駁，其實一切都是上帝的安排，你只是自以為有選擇的權利罷了。

不過，無論上帝如何安排，只要你相信自己的人生自己做主，那你就贏了。

意志力能化腐朽為神奇

那麼，我們該如何運用意志力的萬能性呢？

難得有一項萬能的超能力，不好好利用豈不是太可惜了！

以我來說，我是用在重新振作的時候。

既然只有意志力是萬能的，這也代表除此之外的事情都不是萬能的。

所以我們經常碰壁，這是人生無可避免的現實。

我想這一點大家都一樣。

如果有人任何事都一帆風順，麻煩告訴我一下，我要帶他去ＦＢＩ檢查，那種人一定不是地球人。

閒話休提。我們每天會遇到各種困難，因此每天都需要重新振作，而意志力正是帶給我們重新振作的勇氣。

當你快要放棄的時候，若沒有「非成功不可」的氣魄是很難重新振作的。人在低潮的情況下，很難堅持下去，因為找不到任何成功的根據。唯有意志力，可以幫助我們在沒有根據的時候鼓起幹勁。

反正有一股「非成功不可」的氣魄就夠了。

這種氣魄不需要任何根據。

運動比賽也是如此。選手不是「有勝算」才振作起來，而是「非成功不可」才鼓舞自己振作的。氣魄就是這樣的東西。

我不是一個運動員，但每天大量寫作的辛勞可不下運動員的訓練或比賽。每次遇到一般人撐不下去的困境，我都用「非成功不可」的氣魄鼓舞自己，而且我也確實成功了。

化不可能為可能，意志力真的是超能力。

思考 21

用想像力描繪無限的形狀

「我清楚地發現，想像需要一種心靈的特殊注意力，這是理解所不需要的。」

想像是送給自己的禮物

冒昧請大家配合我進行一個小測驗。

請在腦中描繪一個五角形，應該不困難。

想像一下美國五角大廈的形狀就對了。

好，接下來請在腦中描繪千角形。嗯？辦不到嗎？

這也難怪啦。

我也辦不到，畢竟我沒看過千角形。

只是，以想像五角形的要領，連接一千條邊長就行了，認真想像的話絕對辦得到。

五角形和千角形的差異，就在於「想像」的部分。

笛卡兒舉出五角形和千角形的例子，說出下面這一段話：

「我清楚地發現，想像需要一種心靈的特殊注意力，這是理解所不需要的。」

換言之，我們理解五角形是什麼形狀。

所以能在腦中畫出理解的答案。

不過，我們不理解千角形，只好用想像的方式描繪。

這時候腦中就會產生緊張的感覺。

不，用腦中需要緊張感來形容比較正確。

這種緊張感，想必是來自對未知的不安與期待。那是面對前所未見的事物，或是尚未理解的事物所產生的緊張感。比起踏進鬼屋的恐懼心理，更接近打開禮物時的雀躍。

「想像」源於自我，雀躍也是必然的。想像是當下的自己，送給未來的自己一份禮物。

我本來是美術社的顧問，非常喜歡藝術，甚至還出版過畢卡索的書籍。我喜歡藝術的理由也在其中。

我酷愛想像，想像千角形不算什麼，要我想像無限多角形都沒問題，這可是人類了不起的能力。

這種有辦法創造一切的感覺，就好像自己變成了多啦A夢。

「想像力」讓工作變得更有趣

可能有些人認為，藝術或多角形再了不起，頂多就是想像的範疇而已。確實，大部分的情況下是這樣沒錯。不過，也有想像化為實體，造福社會大眾的例子。

許多商品都是源自想像力。追求某種商品的想像力，刺激人們的創作欲望，達到實現的地步。社會的形態也是如此。當人們對社會形態有某種想像，就會透過政治來實現。

因此缺乏想像力的社會一點也不有趣，想像力是非常重要的東西。

然而，學校教育並不重視培養想像力。學生很擅長理解五角形，或是計算五角形的面積；但他們從來沒有想像過千角形是什麼模樣。

就算有，也只有在美勞課畫圖的時候吧，一個禮拜還不見得有一次。

問題是，不能用刪減數學課的方式，來增加美勞課的時間。其實，在數學課中加入畫圖的要素就好了。

意思就是，無論什麼樣的課程，都要給小孩子更多想像的機會。

為此，整個教育體系需要改變過去的思維。

一言以蔽之，要將課程、教材、教室變成感性重於理性的內容。笛卡兒表示：

「用感官去體悟更加清晰，從感官獲得記憶的幫助，達到想像的境界。」

想像出自敏銳的感性。

這一點對大人小孩都一樣，想像力讓工作變得更有趣，請試著描繪一下千角形吧。

消除懸念向前邁進

「我第一個發現的是，心靈和身體之間有極大的差異；身體的本性是永遠可分的，心靈則完全不可。」

用精神力克服身體不適

各位看過電影《一百二十七小時》嗎？

這是改編自登山家艾倫．洛斯頓的真實故事。艾倫曾在科羅拉多大峽谷被巨石壓住，最後砍斷自己的手臂奇蹟生還。

儘管是為了求生，砍斷自己手臂還是令人毛骨悚然。

各位辦得到嗎？

沒有麻醉，直接拿刀子砍喔。

艾倫為什麼辦得到呢？我想關鍵就在於精神力。精神力夠強，足以克服肉體的疼痛。就算失去部分肢體，也還能支撐下去。

對此，笛卡兒是這麼形容的：

「我第一個發現的是，心靈和身體之間有極大的差異；身體的本性是永遠可分的，心靈則完全不可。」

肉體可以分割，心靈卻是不能分割的。

有趣的是，笛卡兒舉了一個例子，他說自己少了手臂，心靈也不會就此消失。

換言之，失去百分之十的身體，並不會失去百分之十的心靈。

當然精神上的打擊在所難免，但打擊的大小因人而異，而且也有恢復的可能性。

話說回來，日常生活中應該很少有人經歷過斷臂求生的險境，只是這個道理也適用在我們平常的健康狀況。

好比身體不適的時候，憑著精神力還是能克服難關。

實際上，大家都看過這種人吧。

有些運動選手的表現乍看之下一如往常，當我們事後得知，原來那位運動選手在比賽當下身體不適的時候，真的難掩驚訝。

人類的精神力是很了不起的。

我過去就讀研究所，也曾開刀住院兩個禮拜左右。

為了完成論文，我住院時還找來德文家教繼續教我德文。後來我再次遇到那個德國人，他說我的精神力令他十分感動，他決定自己也要奮發圖強。

喚。

保持心靈健康

反之，如果內心有什麼憂慮，可能會使整件事功虧一簣，連身體都不聽使

所以要向前邁進，得趁早消除心中的憂慮，這樣一來保證事半功倍。

就這層意義來說，心靈遠比身體更重要。

偏偏心靈是看不見的東西，我們很容易輕忽怠慢。

沒錯，心靈和身體不同，是很難管理的。

心靈會受到肉體的欺騙，亦即大腦受到身體欺騙。笛卡兒是這麼說的：

「有一件事十分清楚，儘管上帝至善至美，但人類的自然本性由心靈和身體複合而成，則有時難免犯錯。」

先把身體管理好

心靈和肉體是一體兩面的，一部分的身體不適，心靈會誤以為全身上下都有毛病。

反之，有些疼痛折磨全身上下，其實只有一部分的身體在痛，或是我們弄錯了真正疼痛的部位所在。

要正確管理身心，就得意識到這一點，常保懷疑的態度，反省大腦是否受到欺騙。

不曉得該從何下手的人，請先留意身體健康吧。沒有不適的症狀，代表你的大腦沒有受到欺騙。

思考 23

能夠完全理解的，才是真正的知識

「讀者清楚了解的東西，沒有任何的虛偽；反之，讀者一知半解的東西，難以發現任何的真理，除非是出於偶然。」

簡單扼要地說明一件事

「請用小學生也聽得懂的方式說明。」

各位，你們有沒有遇過別人提出這種要求？

我就常遇到這種要求。

畢竟我研究的是哲學這門困難的學問（至少別人是這樣想的），因此大家會要求我盡量用簡單明瞭的方式說明。

這個道理在職場上也適用。

當我們解說一件困難或新奇的事物時，聽眾也會要求我們簡單說明。

不過，要講得連小學生都聽得懂，不是單純簡化內容就好。

這句話代表的意義，就在於簡單扼要。

換言之，聽眾要求的是「直指核心」的說明方式。

完全搞懂一件事

為此，我們自己得完全了解內容。

關於這一點，笛卡兒發表了下面的看法。

「讀者清楚了解的東西，沒有任何的虛偽；反之，讀者一知半解的東西，難以發現任何的真理，除非是出於偶然。」

也就是說，只有完全理解的才是真正的知識，剩下的都是虛偽的東西。

在一知半解的情況下也能推導出答案，但那純粹是偶然。

前面提到，要用小學生也聽得懂的方式說明。其實這句話也隱含著說明者必須完全理解內容的意思。

否則，不可能進行簡單的說明。

我也是遇到這種要求後，才發現自己沒有真正了解某個概念。

俗話說教導就是最大的學習，這話說得一點也不差。

我們必須完全理解，才有辦法教導別人。

一個人閉門造車，很難發現自己有哪些地方不懂。

人類是一種很怕麻煩的生物。

要完全了解一件事情，更是麻煩到了極點。

任何事情要懂個六成並不困難。

市面上的入門書籍，就是幫大家了解概略的東西。如果只求粗淺的認識，閱讀入門書籍非常有效。

可是，若想更上一層樓，就得花上好幾倍的努力。

而追求百分之百的了解，花費的時間和精力就更為可觀了。

這就好比我們可以迅速理解中學程度的知識，但大學程度的知識就得花時間學了。

所以，一般人都不願意這樣做。

不要被先入為主的觀念迷惑

最麻煩的是，我們常被直覺或先入為主的觀念影響，進而心生疑慮或懷疑別人的意見。

對於這種態度，笛卡兒提出了嚴厲的訓誡。

「如果基於某些感官的成見，或某些含有隱諱事物的假設，來懷疑純粹理性所明確認知的東西，這是極為不合邏輯的。」

懷疑固然重要，但也要有根據才行。

缺乏完全理解的確證，僅憑著一知半解的根據懷疑，反而不是一件好事情。常言道，不要憑著臆測發表評論。這樣做可能會破壞名譽，請各位務必小心謹慎。

在心中徹底懷疑，從其他門路尋找根據；做到這一點再向別人提出疑問，這才稱得上正確的方法。

思考 24

幹一番大事

「有辦法做更大、更困難的事，小事自然不是問題。」

刻意選擇大箱子

假設有一個大箱子和小箱子。

各位會選擇哪一個？

我們大多會選擇小箱子，因為以前的童話故事告訴我們，選擇大箱子的人會有不好的下場。

這個世界上有所謂的大事和小事。

奇怪的是，我們都覺得小的比較好。姑且不論童話故事的例子如何，也許選擇大的會被當成貪心的人吧。

不過，根據我個人的經驗來看，志向不夠遠大是幹不成任何事的。

笛卡兒也有同樣的看法：

「有辦法做更大、更困難的事，小事自然不是問題。」

我認為這是真理。

考試也一樣，當你以一百分為目標，至少就能考到八十分。如果你一開始只以八十分為目標，那頂多只能考到七十分左右。

因此目標越大越好。

我也常常勸學生去幹一番大事。

他們是全球化世代，必須在世界上發光發熱才行。

體格不用太高大沒關係。

跟洋人比較體格，其實沒什麼太大意義。

有的人仰賴營養食品強化體格，但真正該努力的不是外在。

內在才是重點。

不要嘲笑遠大的夢想

說到內在，一般人缺乏遠大的夢想，主要是妄自菲薄的性格使然。

在學校，抱負遠大的人反而容易被嘲弄。

就算當事人是認真的，越遠大的抱負越會招來訕笑。

換言之，大家覺得那是在開玩笑。

沒有人願意給予讚賞。

就連老師也一樣，實在令人困擾。

例如，老師讓小學生寫下將來的夢想。
有的孩子祈求世界和平，但沒有人會當一回事，這就是現實情況。
我們都以為那是天方夜譚。
誰叫我們是小島國，體格又嬌小，又不會說英文是吧？
從這點可以看得出來，妄自菲薄才是真正的大問題。
為什麼我們不看重自己擁有的無限可能性呢？
人類充滿著無限的可能性。
照理說，我們什麼事都辦得到。笛卡兒也說過這樣一段話：

「無限實體比有限實體具有更多實在性。」

至少我們的思考和動力是無限的。
憑藉無限的思考和動力，人類有本事化腐朽為神奇。
事實上，日本人在科學領域也有十分豐碩的成果不是嗎？

我們幾乎每年都有人獲得諾貝爾獎，據說最近還有人發現了新的元素。

前面我似乎太強調日本人體格嬌小了，其實也有越來越多日本的頂尖運動員在體壇上大放異彩。

這在任何領域都一樣。

無關國籍或體格，當然也和英文好壞沒關係。

重要的是你有沒有幹大事的抱負。

有抱負的人是贏家，沒有就是輸家，如此而已。

童話終究只是童話。

二十一世紀的今天，我們需要勇於選擇大箱子的價值觀。

遇到不好的事情又怎樣？

勇於幹一番大事吧！

你問我的夢想是什麼？當然是「世界和平」囉。

傳記二

無論如何都要推出一本哲學的主要著作

《方法談》出版後，笛卡兒的科學家身分獲得認可，不斷和當世著名的科學家辯論。

本來超過五百頁的《方法談》幾乎是一部科學論文，討論哲學方法的部分只有最初的七十八頁而已。

這個開頭的部分就稱為《方法談》，被視為哲學書籍。

正因前一部著作對哲學的探討不足，所以笛卡兒才會寫一部形上學的主要著作，也就是《沉思錄》這部主要的哲學作品。

第一版在一六四一年發行。

大家常把《方法談》當成笛卡兒主要的著作，其實真正的哲學作品是《沉思錄》。

話雖如此，內容和《方法談》沒有太大不同，可以說《沉思錄》是在充分探討前一部著作的哲學方法談。

本書第二章介紹的《沉思錄》，是笛卡兒在隱居荷蘭二十年的過程中撰寫的，出版時間和《方法談》相去不遠。

在這裡，我打算介紹《沉思錄》出版的原委和內容。

前面提過《沉思錄》是一六四一年出版的。

這一年笛卡兒四十五歲，是他人生中最圓滿成熟的時期。

算一算笛卡兒來到荷蘭也有十年了。

他大概是想彙編出一部哲學家的大成之作吧。

這本書是他自掏腰包出版的。

不管是過去或現代，出版書籍都有幾項困難。

內容要保持原汁原味，就得自費出版。

靠遺產過活的笛卡兒自掏腰包，等於是在主張「這本書費盡了自己的心血」。

隔年這本書就再版了。

和初版不同的地方只有副標。

《沉思錄》的正式名稱是《第一哲學沉思錄》。

初版的副標是「證明上帝的存在和精神不死」，再版則是「證明上帝的存在，以及人類精神和身體的區別」。

初版問世的時候，笛卡兒尊重了幫忙出書的好友意見；但他個人希望改成更貼近內容的標題。

無論是自掏腰包或變更標題，他在這本書上如此下功夫是有原因的。

誠如前面所述，《方法談》討論哲學的部分不多。因此眾人當他是一位科學家。

哲學才是笛卡兒的本業，他想寫一部哲學的主要著作。

於是這一次，他用拉丁文寫給專家看。

整整七百多頁都是如此，不是只有幾十頁而已。

本書引用的原文只到一百多頁，剩下六百多頁多半是反駁和答辯的形式。

換言之，笛卡兒一開始就把原稿送給著名的學者，尋求對方的反駁，然後寫出自己的答辯之詞。

不但如此，他還將這些內容編在一起出版。

也許笛卡兒是想用這樣的方式，避免出版後的批評吧。實際上，書籍出版後還是有人提出反駁，他和那些人的爭論也從未間斷。

例如，經院學派的卡爾帝斯、神學家梅森、政治思想家霍布斯、神學家阿爾諾、原子論學者伽桑狄、神學家布魯坦都有提出反駁。

多虧那些當代有名的歐洲學者提出反駁，我們讀者才得以用更寬廣的視野，來看待《沉思錄》的議論。

專欄二

《沉思錄》是一本怎樣的書？

我想簡單介紹一下《沉思錄》的概要。

首先來談形式。開頭寫了一篇〈致巴黎神學院中賢明而德高望重的院長和博士們〉，這是寫來獲得巴黎大學神學院認可的。在當時，笛卡兒必須細心顧慮到神學的看法，同時也有防止反駁的意圖。

就防止反駁的層面來說，比本文多上好幾倍的「反駁與答辯」被附在沉思錄中，似乎也是出於同樣的意圖。笛卡兒事先把草稿送給著名的學者，請他們提出反駁。然後把反駁和答辯放在一起出版，堪稱設想周到。沒想到的是，這樣做反而使得議論有增無減。

《沉思錄》在形式上的特徵如同書名，是以第一人稱的「我」花上六天時間，每天反省沉思一項議題。有一種說法是，這個「我」也包含讀者。

關於內容，我想各位看副標應該不難理解才對。明確指出笛卡兒真正用意的再版副標是「證明上帝的存在，以及人類精神和身體的區別」，也就是討論上帝的存在，還有人類身心區別的主題。

具體內容如下：第一沉思宣示「對一切事物提出懷疑」；第二沉思指出「我的存在確切無誤的真理」；第三沉思嘗試「證明上帝的存在」；第四沉思分析「自我的謬誤」；第五沉思試著「再次證明上帝的存在」；第六沉思論述「身心區別和物體的存在」。

笛卡兒在《方法談》出版後，打算出版一部哲學作品。換言之，他想出版形上學的著作，從中提出新的哲學思維。

為此，他必須闡明形上學的最人問題，亦即至高無上的存在和人類精神的本質。

這也是他以上帝和人類精神為主題的原因了。

第三章

身體和思維並用

——《哲學原理》

光靠一股幹勁成功也沒用

「真實的德性和虛偽的德性，有著顯著的區別。出自正確知識的真實德性，和出自無知或穿鑿附會的虛偽德性，又有極大的不同。」

不要只靠一股幹勁做事

每年持續舉辦活動，我總覺得第一次辦得最好。照理說第二次以後經驗更豐富，應該辦得比較好才對，但事實不見得如此。我試著尋找原因，發現第一次舉辦活動，會憑著一股幹勁突破萬難。這股幹勁就是成功的關鍵。

不過，若只憑著幹勁做事，後續將無以為繼。就這層意義來看，最初的成功算不上真正的成功，背地裡其實有很多缺失。反正就是一鼓作氣努力達標的感覺。

這個道理適用在任何事物上，不僅限於辦活動的時候。笛卡兒用一種哲學的方式來形容：

「真實的德性和虛偽的德性，有著顯著的區別。出自正確知識的真實德性，和出自無知或穿鑿附會的虛偽德性，又有極大的不同。」

也就是說，事物有真實和虛偽之分，兩者存在很大的差異。而建立於正確基礎上的真實事物，和缺乏正確基礎的又大有不同。

以前面提到的辦活動為例，那種光憑氣勢營造成功假象的活動，和真正用心準備的活動有極大的差異。

再看同樣用心準備的活動好了。憑著專業知識辦出來的，和外行人歪打正著辦出來的，就算結果看起來差不多，也還是有明顯的差異。

說穿了就好像專家辦的活動，和高中生舉辦的文化祭一樣。

專家辦過多次同樣的活動，累積了不少經驗訣竅。

反之，文化祭對當事人來說僅限一次，很難具有同樣的效果。

即使偶然成功，知識也無法累積。

而且這種歪打正著的成功，下次也派不上用場。

這樣是沒有意義的。

掌握智慧

關於如何正確累積知識，笛卡兒發表了下面的看法：

「源自正確知識的純粹德性，都有同樣的性質，皆可歸於智慧之名下。」

換言之，源自於正確方法的知識才稱得上「智慧」，偶然產生的則不行。因此智慧才得以傳承下去。

光憑一股氣勢取得成功，也無法產生智慧。

職場可不比文化祭，許多工作都講求持續性，所以需要知識的累積。

這是不能投機取巧的事情。

光靠一股氣勢取得成功沒有意義。同理，用投機取巧的方式成功，那種經驗也沒辦法活用在下一次的工作上。

這點非常重要。

因為經驗無法傳承利用，一切就得從頭來過，等於浪費時間和精力。

綜觀諾貝爾獎的新聞，研究要透過經年累月的努力，才能孕育出偉大的成果。

為了營造這種環境，同一個研究室的成員，要互相傳承正確的知識。

萬一有人投機取巧，所有研究必會功虧一簣。

資金和心力也將付諸東流。

從事任何工作都是同樣的道理。

請各位務必重視智慧的累積。

思考 26

太多疑無法掌握機會

「這種懷疑只能運用在思考真理的時候，否則在生活層面上，我們在解決疑問之前，就會失去行動的機會。所以我們必需採用最像樣的意見，就算在兩種意見之中，不知道哪一種看起來比較像樣，很多時候也不得不選擇一種。」

總之，向前邁進吧

各位是否謹慎多疑呢？

還是不太有疑心？

由於我研究哲學的關係，個性有越來越多疑的傾向。畢竟，哲學是透過懷疑來揭發事物本質的學問。

以前我的疑心還沒那麼重，現在幾乎跟偵探一樣多疑了。

去超市買東西時，我一看到「買到賺到」的標語，都會懷疑那是店家在清老舊的庫存；看到打折的標籤，也會懷疑商品的訂價本來就比較高。

儘管這是我的職業使然，但遇到任何事疑心病都這麼重，確實對生活滿不方便的。關於這一點，笛卡兒是這麼說的：

「這種懷疑只能運用在思考真理的時候，否則在生活層面上，我們在解決疑問之前，就會失去行動的機會。所以我們必需採用最像樣的意見，就算在兩種意見之中，不知道哪一種看起來比較像樣，很多時候也不得不選擇一種。」

換言之，懷疑僅限於考察真理。在現實生活中太多疑的話，機會很可能轉眼即逝。

所以與其整天疑神疑鬼，不如選擇看起來比較妥當的東西，勇往直前就對了。

好比我在超市疑神疑鬼的時候，蔬菜就被其他人搶光了，根本沒有東西可買。為避免這種情況發生，應該買一些看起來沒問題的商品。當然，特別可疑的東西就得考慮一下了。

這一點也適用在工作上。

整天慢吞吞地衡量利弊得失，很可能被對手奪得先機。商業談判中最好能夠馬上做出決斷。

徹底懷疑自己的認知。

相對的，我們要徹底懷疑自己的觀念。

有時間就該這麼做。不，做這種事不該計較時間才對。

關於「何為自由」這個問題，從古希臘到現代一直都有人在思考。

有趣的是，不同時代的答案都不相同。

有些時代認為自由是為所欲為，現代社會則多半認為關懷別人才叫自由。

每個時代都有答案，但隨著環境和時空改變，這個問題就有重新思考的必要。

偏偏我們的頭腦十分頑固，總是不肯重新思考。對此，笛卡兒也提出了警告：

「我們年幼時，無法完全善用自己的理性，就已經對感官的事物下達了各種判斷，有許多成見妨礙我們領悟真理。」

這句話說得一點也沒錯。

我們從小就像海綿一樣單純地吸收各種認知，這種認知是無法輕易更改的。

例如，最近有一種「在學校也該討論政治」的教育方針，這在以前是被視為禁忌的事情。

所以，即使現在學生開始討論政治，還是有一種不被接受的氛圍。
也正因如此，執拗地懷疑是有必要的。
要懷疑到什麼程度呢？最好連教科書上寫的東西也懷疑。
教科書有所謂的審查制度，上面只會記載對政府有利的內容。
哪怕裡面幾乎是正確的知識，也不能缺乏懷疑的眼光。
教科書最少要讀兩次。
第一次學習知識，第二次學習如何懷疑。

思考 27

動用全身思考

「所謂的思想，是我們持續意識到內在所產生的一切，這也代表那種意識僅限於我們的內在。因此，理解、意欲、想像皆為思想，知覺在此也跟思想同義。」

人類用整個身體在思考

一加一等於多少？答案當然是「二」。

其實還有許多其他的可能性，但我們先不探討這個。

剛才回答這個問題，各位用的是身體哪個部分呢？

腦袋嗎？想必是吧。

接下來，請各位思考自己四周的空氣是什麼味道。既然是味道，那當然要嘗過才知道，對吧？或者，用聞的來形容比較恰當。

如何呢？有霉味嗎？如果有的話，那代表你的房間發霉了。

問題在於，這股「霉味」的答案是從何得來的。

這個答案跟剛才不一樣，怎麼看都不是光靠腦袋思考出來的吧？因為我們是一邊確認味道一邊思考的，所以是用上了鼻子和頭腦。

其實很多事情都是用身體各部位思考的，不光是用頭腦而已，就連一加一等於二的問題也一樣。笛卡兒的看法如下：

「所謂的思想，是我們持續意識到內在所產生的一切，這也代表那種意識僅限於我們的內在。因此，理解、意欲、想像皆為思想，知覺在此也跟思想同義。」

也就是說，理解、意欲、知覺都屬於思考。我們用全身上下來感受事物，就等於用全身進行思考。

這樣說我們會比較容易理解吧。

日本人的感性敏銳，和歌這一類的文化特別發達。日本人擅長配合季節的變化，來描寫微妙的感覺。

表現功力優異，代表在前一個階段充分思考。所以知覺和思考是密不可分的關係。

實際上這兩者是同時進行的，也能化為渾然天成的產物。

簡單思考，簡單表現

前幾天，我去愛媛縣松山市的子規紀念博物館。我欣賞著正岡子規的俳句，清楚感受到他用全身進行思考的態度。

例如，他有一段俳句是「暖雨甘霖潤荒地」。所謂的暖雨，必須親自去感受才能寫出這種表現方式。當他感受到雨水溫暖的那一刻，內心就浮現出訝異和驚嘆的思緒了。

然後，他再用簡單易懂的話語表現出來。

簡單易懂非常重要，否則其他人無法了解那種感受。

如果用「在空中產生的常溫雨水」來表達暖雨，大家根本不了解是怎麼一回事。

下雨的時候確實氣溫偏暖，雨水降落地面後又造成溫度下降。仔細想想或許可以看出一點端倪，但終究無法明確表達身體的感受。

那時的西洋哲學家大多輕忽感性，極端重視理性，常有類似上述的現象。不過，笛卡兒對此特別提出了警語：

「哲學家喜歡用邏輯的定義，來解釋那些最單純的道理，就這點來說他們犯了錯誤。畢竟這樣做只會更加複雜難懂。」

於是他提出「我思，故我在」，作為自己明辨事物的典範。
同樣是重視理性，笛卡兒很清楚用簡單易懂的方式表達有多麼重要。

簡單易懂地思考，簡單易懂地表達。

連哲學都要求這種能力，我們平常工作時撰寫的文字就更應該如此了。
報告書也該寫得跟俳句一樣簡潔易懂才對。
至於五七五的格律就免了吧。

頭腦是沒有極限的

「在某種觀點下沒有發現界限的東西，我們不必主張其為無限，只要主張其為不確定的就可以了。」

無限是一種無知的認知

頭腦有其極限嗎？

我的答案是很明確的。

「沒有。」

我相信人類的頭腦隱含無限可能性。

綜觀現代的科學水準，各位都能了解吧。有一些概念雖然還沒有實現，光看那天馬行空的想像力，也不難發現當中蘊含多大的可能性。

對此，笛卡兒卻不說人類的頭腦是無限的。

「在某種觀點下沒有發現界限的東西，我們不必主張其為無限，只要主張其為不確定的就可以了。」

笛卡兒將上帝稱為「無限的存在」，代表那是我們無法理解的事物；至於其他看似無限的東西則稱為「不確定」，藉以區別兩者的差異。好比多如繁星的事物，就是所謂的不確定。而關於那些不確定的東西，是可以隨意進行思考的。

在笛卡兒那個年代，上帝是絕對的存在。

因此上帝是不容質疑的。

假如笛卡兒生在現代社會，說不定一切都會被他視為不確定吧。

這也是我和笛卡兒不一樣的地方，我認為人腦沒有極限。

因為我們能將上帝同樣當成思考的對象，並非無法理解的存在。

也許每個人的理解不同，要客觀證明那些理解也實屬困難。撇開這些問題不說，能否理解又是另外一個問題了。

關於上帝的問題已然如此，其他問題絕對有辦法理解。

一切誠如笛卡兒所言，他斷言道：

「其他事物在某些層面上沒有界限，只是沒有獲得積極的理解。我們純粹消極地承認，如果其事物有界限，那也不是我們可以發現的。」

換言之，對笛卡兒來說，除了上帝以外的事物絕對有其極限，只是我們以為其他事物也是無限的罷了。

他說這種想法出於人類的無知。真是犀利明確的指正。

我們經常使用無限這種概念，就某種意義來說是逃避的行為。

因為不了解，乾脆就用無限來形容。如此一來就不必完整說明了。

事實上一定有其盡頭，並且能給出一個妥善的說明。

不願意去做，只是無知的原故。

探究無限

當然，我們人類是不會輕言放棄的。

為了解開無限，我們總是不斷地努力掙扎。

這種掙扎正是人類了不起的地方。

各位不妨看看，人類是如何剖析宇宙的。

宇宙號稱無限，我們對宇宙的好奇卻有增無減。

實際上，宇宙的誕生之謎也逐漸被解開了。

問題是，並非每一個人都願意探究，很多人以無限為藉口放棄思考。

不過，這是一件非常可惜的事。我們難得有一項充滿無限可能的工具，棄而不用怎麼行呢？

簡直是暴殄天物啊。

覺得宇宙和人生無關的人，請改變一下觀念吧。

其實一切都是宇宙。

我們的任何工作都有無限的可能，是我們自己畫地自限而已。請移開那條線，朝更遙遠的目標邁進吧，相信各位一定能發現嶄新的可能性。

思考 29

意志力是最後的關鍵

「完全不了解的事情，是無法下達判斷的。判斷需要知性沒錯，但想要同意我們所知覺的事物，則需要意志。」

意志決定行動

我曾經多次挑戰減肥，每次略有小成，就再次復胖，最後功敗垂成。我能獲得某種程度的瘦身效果，卻無法維持下去，很快就會胖回來，因此我總是一個小胖子。

我好幾年才瘦一次，而且瘦的時間很短暫，大家根本沒有發現我瘦了。和老朋友再會的時候我早已復胖，沒有人相信我真的瘦下來過。
不過，減肥方法我倒是知之甚詳。沒有知識就無法做任何事，笛卡兒也是這麼說的：

「完全不了解的事情，是無法下達判斷的。判斷需要知性沒錯，但想要同意我們所知覺的事物，則需要意志。」

這裡的重點在於「理解使判斷成為可能」。
另一個重點是「意志不可或缺」。

在判斷一件事情時，意志是最後的關鍵。
我在剛開始減肥時意志力也很果決，可惜似乎沒辦法持之以恆。
不，放棄減肥也是一種判斷，當中還是有意志的抉擇吧。
凡事都是一連串的判斷。

判斷該不該放棄時，我的意志大概是怕辛苦，所以才半途而廢的。
換成醫生的話，為避免罹患代謝症候群，他們一定會下達正確的判斷持續減肥。

錯誤的知識會影響判斷

那麼，為何我的意志和醫生不同，盡是做一些錯誤的判斷呢。
關於這一點，笛卡兒的解釋如下：

「缺乏正確的了解，卻還下達判斷就會犯錯。」

換言之，有正確的知識就不會有錯誤的判斷了。判斷是基於知識進行的，知識有誤的話當然會影響判斷了。

我的減肥過程也是如此。

在判斷要不要持續下去時，我缺乏正確的判斷材料。

如果有數值顯示半途而廢的下場，讓我看到自己可能早死的證據，我絕對會持續下去。

可是實際上，我的判斷材料只有拉麵的美味誘惑。

當我用冰箱裡的食物作為判斷材料，就會嫌減肥辛苦而放棄。

光看這一點，我的意志是非常果決的，我絕對會毫不猶豫地開始製作拉麵。

然後，減肥的意志力就土崩瓦解，蕩然無存了。

隨著我吸麵條的聲音響起，全部拋諸腦後。

選擇正確的判斷材料

這個道理也適用在其他自我啟發上面，例如考取英文或商業證照。

在判斷要不要持續下去時，誘惑永遠是我們的弱點。

所以，我們必須像笛卡兒那樣，選擇正確的判斷材料才行。

這樣意志就會自動下達正確的判斷了。

人在放棄時總會找藉口。

有了正確的材料，我們才能客觀判斷那是藉口，還是正當的理由。

意志就像一個公平的裁判。

好球就是好球，壞球就是壞球。純粹是確認球的位置，宣告結果而已。

自我啟發受到挫折的讀者，或是煩惱該不該持之以恆的讀者，請試著列出自己的判斷材料吧。

相信裡面一定找得到答案。

思考30

外形定江山

「關於一項物體，我們對形狀的認識，遠比對顏色的認識更加透徹。」

人類是用外形來判斷的

大家注重自己的服裝儀容嗎？

我就還滿注重的。其實我很怕麻煩，希望每天都穿一樣的衣服就好。無奈要外出見人，沒辦法這麼隨興。

我怕麻煩的證據就是，在家永遠都是同樣的打扮。尤其冬天的時候，除非再也無法維持最基本的衛生條件，否則我都穿同一件衣服。

為什麼外出時要注重服裝儀容呢？

就我個人來說，我想掌握別人對我的印象。也就是配合時間、場合、地點，掌控別人對我的印象。

穿上正經的服飾，別人就會認為我是個正經嚴謹的人。反之，隨便亂穿可能會被當成一個怪人。

那麼看上去正經與否，是看衣服的哪個部分決定的？是顏色，還是外形呢？

一般來說，大家都覺得是顏色對吧？

然而，笛卡兒的答覆不同：

「關於一項物體，我們對形狀的認識，遠比對顏色的認識更加透徹。」

意思是，外形比顏色更有衝擊性。

我曾經留著一頭茶色的長髮，去和老朋友見面。那位老朋友只看過我剪短頭髮的模樣。

各位知道他說什麼嗎？他的注意力只放在我留了長髮。

對我來說，染髮才是新奇的初體驗。我以為那位老朋友會提起我染頭髮，不料他看到的卻是外形。

也許是髮色的衝擊性不夠大吧。

那我換個例子好了。

假設有一個梳西裝頭、戴眼鏡的人，穿著一身顏色豔麗的西裝。

另一個人梳著狂野的龐克頭，身上則是灰色的短褲和T恤，眼睛上還戴著彩色的瞳孔放大片。

這兩個人同時來面試，你們認為誰像在胡鬧？一定是穿短褲的龐克頭吧。

外觀十分重要，從這層意義來看，外觀幾乎決定了一切。更正確的說法是「形式才是真正的關鍵」。

顏色並非關鍵

當然，顏色也確實會帶來誤解。

大家都以為紅色等於愛招搖，灰色則是樸素土氣。房間的照明也一樣，陰暗的照明給人陰沉的印象，明亮的燈光則給人愉快的氣息。超市也會利用明亮的燈光效果，讓肉類看起來更加新鮮。

從這點來看，我們都被顏色給騙了。

笛卡兒也指出這個盲點：

「我們並不了解顏色的實際意義，更無法在事物中存在的顏色，以及在感覺中體驗過的顏色之間找到相似性。然而，我們卻相信自己清楚了解顏色。」

換言之，顏色是相對性的東西，我們沒有完全認知才產生誤解。偏暗的室內照明，對一個剛來自暗處的人來說也很明亮。當那個人說室內很明亮，原本在室內的人也只會感到疑惑而已。或者，不同的人對相同顏色也有不同的感受。

所以顏色不是關鍵，外形反而比較重要。

各位若有用電話替人指路的經驗，就能理解我在說什麼了。好比路上有一個星形的茶色看板，你說「看到星形看板後轉彎」遠比「看到茶色看板後轉彎」更容易理解。

笛卡兒認為外形遠比顏色重要，就算不是從事設計工作的讀者，要是在其他工作中有機會創造東西，請試著把這個觀念放在心裡。相信一定會有不同以往的成果。

思考 31

鑽研語言

「由於我們使用語言，所有的概念都跟文字結合在一起。如果兩者沒有結合，我們就記不住意義。」

先學語言再了解語意

研究哲學會深切感受到語言的重要性。

因為不使用語言，就無法表達事物的本質。

用詞稍有不慎，本質也會跟著改變。

「追求才是愛」跟「被追求才是愛」雖然僅有一字之差，但意義有很大的不同。

從這個層面來看，無法共有語言的意義，人與人之間的溝通也很難成立。所以如果雙方的文化不同，即使是同樣一句話也可能有不同的含意，溝通上的誤會也就難以避免了。

尤其日文和中文這種用相同文字來表達的語言，問題特別大。例如「手紙」一詞，在日文中是書信之意，在中文裡則是上廁所用的衛生紙。

先掌握語言的意義再來使用語言，就可以避免這種混淆。可惜事情沒有這麼簡單。

語言就像是一個入口，沒有入口就找不到意義，兩者無法顛倒過來。

對此，笛卡兒做出了下面的評論：

「由於我們使用語言，所有的概念都跟文字結合在一起。如果兩者沒有結合，我們就記不住意義。」

換言之，我們是先記下語言，再連繫語言的意義。

也就是先有車子這個單字，我們才知道那是擁有輪子的運輸工具。

對語言的意義要有敏感度

忘記語言的意義，只記得語言，這也是個大問題。像是只記得一些模糊的意義，或是和錯誤的意義相連結等等。

最糟糕的情況是，我們並沒有發現自己搞錯語言的意義。繼續使用錯誤的語言，容易招致麻煩。笛卡兒也指出過同樣的問題：

「他們以為自己了解一些名詞，或是受到正確了解的人薰陶，便同意那些他們並不真正明白的字眼。」

例如，中文的「檢討」有類似反省之意。假設有人用中文叫你檢討，你不曉得要反省，還以為對方只是請你斟酌事情（日文的檢討有斟酌之意）。這種情況下隨口答應對方，就會產生誤解了。這是我以前學中文時，實際碰過的問題。

其實日文也有同樣的麻煩。所以我們對語言的意義必須特別敏感。對於自己使用的語言也要有同樣的要求才行。我們自以為了解的語言，往往具有意外的含意，卻被我們拿來誤用。

報章雜誌上就常有一些誤用的詞語。我偶爾會發現一、兩個自己也誤用過的詞語。每次發現我都深切反省，但那大概也是冰山一角罷了。

有一部改編成電影的小說叫《啟航吧！編舟計畫》，是描寫編輯製作辭典的故事。看過這部作品之後，我終於了解製作辭典有多辛苦。

每天都有新的語言誕生，舊有的語言也開始有新的含意或變化。同樣的語詞，也具有多重的意義。

請各位多多翻閱辭典，重新看看那些自以為了解的語詞吧。

工作是建立在語言之上的，鑽研語言保證會為工作的成果加分。

思考
32

找出公式

「我真正承認的，只有從我們無法否定其真理的共通概念中，透過數學論證和明確推論所得出的結論。」

好好查證正確與否

假設在各位通勤的路上，有一座圓形的公園。

有一天早上，你偶然望向公園，若有所思。

「那個公園的圓周是多少啊？」

你從距離上推算，公園的直徑人概有十公尺。

那麼，該如何算出圓周呢？

想當然，你會搬出小學時學過的圓周公式，用直徑乘以三．一四，然後得出圓周大約是三十一公尺。

我想應該沒有人會刻意走一圈，用自己的步數乘以步距的。因為我們已經知道計算圓周的公式了。

所謂的公式，就是這樣的東西。

一旦習得以後，就會毫不猶豫地使用。這是為什麼呢？

關於這點，笛卡兒是這麼說的：

「我真正承認的，只有從我們無法否定其真理的共通概念中，透過數學論證和明確推論所得出的結論。」

換言之，已經被證明過的事情才是真實無誤的。

因此值得信賴。

有別於地理、歷史這類科目，數學必須證明其原理才行。確認原理後，再來就跟神奇的道具一樣，只要代入數字就能依序得出答案了。

使用公式必定會經歷這個過程，否則無法輕易代入數字得出答案，因為我們會擔心答案的正確性。

其實也不只是數學公式，所有稱為公式的東西都是如此。舉凡生活中的公式、到工作上的必要公式，都適用這個道理。

將工作公式化

所以我建議各位，盡量將工作公式化就可以事半功倍。

就跟代入數字一樣，代入各式各樣的要素，這樣就能得出答案了。既省時，又能降低犯錯的機會。

例如，我都用公式化的方法來處理郵件。

我每天都會收到大量的郵件。以前我是重要的先處理，麻煩的稍後再說。但這樣做容易有所遺漏，有時候不小心拖太久都沒有回覆。

後來我決定依序打開所有郵件，立刻處理那些已經打開的內容。結果就再也沒有遺漏或延遲回覆的情況了，效率反而更良好。

經過錯誤的嘗試，我得出「一收到郵件馬上依序處理」的公式。

有了公式以後，收到任何郵件我都不煩惱了，用機械化的方式處理就好。

有公式就不會迷惘

找到公式還有其他的好處，那就是不會受到別人的意見影響。笛卡兒也發表過下面的看法：

「用這樣的方式可以說明所有自然現象，因此我相信，其他自然學的原理都是不該接受和期盼的。」

一旦找到自己的公式，不管別人怎麼說，照自己的方法來做事就好。

世上充斥著各種資訊，我們很容易被新的事物誘惑，懷疑新的方法是不是比較好。這樣一來很容易受到資訊擺布。

如果有自己的公式，就不會受左右而浪費時間了。

各位不妨試著找出屬於自己的公式吧！

傳記三

終於歸納出所有學問體系

繼《沉思錄》出版後，笛卡兒於一六四四年出版了《哲學原理》。這部著作跟《沉思錄》一樣，是他隱居荷蘭時撰寫的，也是《方法談》問世後的續作。我們在第一章結尾介紹過笛卡兒的半生，這部作品算是包含在那段人生中。

因此，這裡我們主要來談談笛卡兒的出版意圖和內容。

儘管這本書稱為《哲學原理》，卻非關狹義的哲學原理。當中網羅了笛卡兒的學問體系，連自然學也包含在內。就這層意義來看，內容是在探討所有學問的原理。

關於這本著作的出版意圖，詳盡記述在笛卡兒寫給法文譯者的書信裡，我們將引用內文來向各位介紹。

這封信不單是感謝譯者的信函，更被拿來當作法文版的序文。所以，也可以視為笛卡兒給讀者的訊息。

順帶一提，這本書的法文譯者是修道院長克洛德．皮可。皮可深受《沉思錄》啟發，因而親近笛卡兒。笛卡兒也和他相交甚篤，視他為好友。於是，笛卡兒決定請他翻譯《哲學原理》一書。

在序文中，笛卡兒揭示了自己的出版意圖。文章有點長，但內容十分重要，我想寫出來給大家看看。

「先從最普遍的事情開始，我想談一談哲學是什麼。哲學一詞代表智慧的探究。智慧不僅是處世的才能，也是一個人在生活上、健康上、技術研發上，所能獲得的完備知識。由於知識有這樣的特性，則必然是透過第一因推導出來的。因此，要努力掌握真正的哲學，我們要從第一因，亦即原理開始探究。」

其實還有下文，我們先看到這裡就好。

笛卡兒寫這段話的用意，是想闡明哲學真正的意義。而哲學的意義，正是「探究智慧」。

笛卡兒要探究的不是學問上的智慧，是包含生活在內的一切知識。所以他才說，要先從探究「原理」開始做起。

這裡的重點在於，哲學被當成了廣泛的知識。

那不是代表形上學的意義，而是代表原理上應當探究的知識。他說這種層面的哲學，可以促進國家文明和文化發展，對個人也大有益處。

想必這也是閱讀《哲學原理》的好處吧。

笛卡兒還教導我們如何閱讀這本書。

第一次先全部看過一遍，第二次標出難以理解的部分，第三次再嘗試理解一切。

這也表示書中記載了一切他想表達的內容。

專欄三

《哲學原理》是一本怎樣的書？

我先簡單介紹一下《哲學原理》的概要。本書的內容和標題的印象不同，堪稱是闡明笛卡兒所有學問體系的作品。也就是說，這裡的哲學意味著酷愛所有的知識。

形式上最值得注意的地方，是法文版的開頭。法文版是在拉丁文的原版問世三年後才發行的。上面寫到「給法文譯者的一封信」，內容卻是《哲學原理》的序文，裡面概括提到了笛卡兒思考的哲學意義。

整部書分成四個部分。第一部歸納《沉思錄》中的形上學方法談。內容是重複探討笛卡兒自《方法談》出版以來的論述。本書算是體系統整的作品，特徵是像教科書一樣解說得清晰分明。

第二部是自然學的基礎概念和自然法則。第三部是天體論和宇宙生成論。第四部是說明地球上的諸般現象。笛卡兒原來的構想，是打算寫到第六部，可惜後兩部沒有完成。原本規畫第五部是關於動植物的本性，第六部則是人類的本性。

第二部以後的自然學記述，其實是用不同的形式，刊載之前無法出版的《世界》這本書的內容。

笛卡兒在《世界》一書中，批判了羅馬教廷認同的亞里斯多德的自然學，所以當時不得不放棄出版。從這點來看，本書出版後笛卡兒終於向世人展現自己的科學體系了。

《哲學原理》是一部相當浩瀚的作品，從個人精神到地球問題無所不包。不難看出笛卡兒本身的學問體系十分壯闊。

第四章

帶著人類情感進行理性思考
——《靈魂的激情》

思考 33

感情是人生的引擎

「在靈魂所擁有的各種思維中，激情是最能撼動靈魂的東西。」

一大早打起精神吧

有些人一大早就精神百倍。

我早上精神不太好，因此很羨慕這樣的人。既然工作是從早上開始的，充滿元氣當然是有利無害的事情。

我也不是早上頭腦不靈光，早上我反而特別清醒，偏偏就是打不起精神。

用哲學的方式來描述的話，大概是「理性」正常運轉，但「激情」還沒有甦醒吧。

不過，激情沒有被活化是無法思考的。

笛卡兒也說過同樣的話：

「在靈魂所擁有的各種思維中，激情是最能撼動靈魂的東西。」

所謂的激情，用一般的話來說就是「感情」之意。換句話說，感情是我們維生的引擎。

確實，感情激昂的時候，做什麼都幹勁十足。

每當我看完感人的電影，也會效法裡面的主角，鼓起幹勁好好努力。具有這麼單純的個性真是不好意思，不過連偉大的哲學家笛卡兒都有同樣的看法了，大家不妨試試吧！

所以開心的時候盡情歡笑，難過的時候痛快大哭吧。

然後積極活用那股能量。

所有的感情是由六大種類構成的

話說回來，我們人類的感情究竟有哪些種類呢？

真要細分的話，我想大家都說不出來吧。

只是，感情畢竟是我們的引擎，我們有必要好好了解一下。笛卡兒的區分方式如下：

「單純又基本的激情，有驚奇、愛、恨、欲望、高興、悲傷這六種。其他激情，都是從這六種組合而來的。」

笛卡兒的分類很乾脆，當然除了這六種以外還有別的，但都可以用這六種的基本組合來解釋。

從這個角度來看，每一種都是人生的引擎。

我們在孩提時代，對新事物也是先有「驚奇」才會產生興趣，進而深入研究。這一點大人也是一樣的。

「愛」帶給我們人類無限的動力，有許多人為愛奉獻人生。除了對個人的愛之外，對祖國的熱愛也包含在內。

「憎恨」則是負面的引擎，有些人為了報復不擇手段，戰爭就是這樣。我們需要耗費心思，將這種感情轉換成正面的能量。

「欲望」不管對上任何事物，都能直接化為動力。把欲望說成動力也不為過，想要財富和名聲的欲望，也會促使我們加倍努力。

「喜悅」堪稱感情之王，缺乏喜悅就沒辦法工作和生活了。描寫感情的迪士尼電影《腦筋急轉彎》當中，喜悅的功能也至關重要。

「悲傷」是喜悅的對比，就某種意義來說也是人生的動力。通常我們嘗過悲傷的滋味後，就會努力振作且避免重蹈覆轍。

將感情帶往正面的方向

有趣的是，這六種感情我們統統都有。面對不同的事情，就會表現出不同的感情。而這些感情，總會帶給我們影響。最重要的是，要盡量將這些影響帶往好的方向。

例如：扭轉憎恨和悲傷。

這樣一來，一大早元氣就自然而然充沛了。我一早醒來總是無精打采，就先從我自己做起好了。

思考 34

將感情當成思考的背景音樂

「所有激情的作用，在於強化和延續靈魂中的思緒。」

用音樂刺激感情，用感情刺激思考

有不少人會在早上醒來播放音樂，或是在通勤路上聽音樂對吧？畢竟音樂有振奮人心的功效。

格鬥比賽的入場樂曲能刺激選手的鬥志，炒熱會場的氣氛。電影中的音樂能加強演技的效果，挑動觀眾的心弦。

同樣地，我們會聆聽愉快的樂曲度過舒適的一天；或是聆聽慷慨激昂的音樂，讓自己終日充滿奮鬥的幹勁。

我們的日常生活少不了背景音樂。

背景音樂會加強我們的情感。

約會兜風時放一點抒情歌，也能帶動浪漫的氣息。

在職場上也一樣，我們不妨配合目的選擇合適的背景音樂。

以我個人來說，想悠閒寫作的時候會放古典樂，追求靈感的時候會放爵士樂。

這樣可以刺激我的感情，帶動思考的能力。

沒錯，重點是如何控制感情，和思考進行連繫，笛卡兒的意見如下：

「所有激情的作用，在於強化和延續靈魂中的思緒。」

這就好比聽音樂會使感情激昂一樣，感情是自然產生的東西。遇到開心的事情喜悅便油然而生，遇到難過的事情就悲從中來。

我們該做的是，讓自然產生的感情和思考順利連繫。

例如在公司被稱讚而喜不自勝。

這時候光是手舞足蹈，其實沒有什麼好處。

將喜悅之心活用在下次工作上，或是顧慮同事的感受，稍微壓抑感情是有必要的。

感情不是主角，而是幕後工作人員

感情的激昂程度和冷靜的程度是呈反比的。

越缺乏冷靜，思緒就越鬆散。笛卡兒在前面那一句之後，提到了缺乏冷靜的危險性：

「激情可能帶來的壞處，是過度加強和維持一些不必要的思緒。」

換言之，感情會妨礙正確的思考。
導致內心充滿過度的喜悅或揮之不去的悲傷。
我們必須懂得應付感情，才能轉換心情冷靜思考。
話雖如此，我也不是希望各位像機器人一樣，完全斷絕自己的感情。
感情是自然產生的東西，斷絕感情是不可能的事情。

反之，好好利用感情有助於思考。
所以感情不是主角，而是用來幫助思考的背景音樂。
前幾天，我剛好有機會去參觀能劇演出，演員告訴我舞蹈表演和樂曲表演的不同。
舞蹈表演的舞台，是朝正面縱向延伸出去的；樂曲的舞台則是橫向延伸的。
據說這是明確區分兩種演出的手段，但從觀眾席上看不出差異。
對我們觀眾而言，舞蹈和樂曲在台面上一氣呵成。樂曲襯托演員的舞蹈，交織出美麗的能劇。

我們的思考和感情也是同樣的關係吧。

感情雖然和思考不同，卻是支援思考的背景音樂，豐富我們的日常生活。

我們要以感情為背景音樂，舞出美麗的人生，而不是受感情擺布。

思考 35

用驚奇的情感活化記憶力

「關於驚奇，其優點在於幫助我們學習自己不懂的事情，並停留在記憶當中。」

利用驚奇增進記憶

各位聽到「實際上」這句開場白，是不是會特別留意對方說什麼？當我們在說明對方不知道的事情時，就會使用「實際上」這種表現方式。

人類具有好奇心，會想了解未知的事物。新資訊令我們訝異，也刺激我們吸收新知。

一大早看新聞也是這個道理，我們會很在意新聞裡到底發生了什麼事。現在有網際網路，我們二十四小時都能獲得資訊。但還是有不少人選擇一大早看新聞，來吸收當天最新的資訊。

電視可以邊看邊做其他事情，方便我們在準備出門的同時收集資訊。然而，我們沒辦法吸收所有新聞，只有嶄新的資訊才會留在腦海裡。也就是說，我們感興趣的只有那些驚奇的事物。

以我來說，晨間新聞常播的今日運勢我就完全記不住。我完全不相信那種東西，也就不覺得驚奇了。

當然，要是有人跟我說，今天雙子座有機會撿到一億，我也許會有些驚訝……

對此笛卡兒是這麼解釋的：

「關於驚奇，其優點在於幫助我們學習自己不懂的事情，並停留在記憶當中。」

換句話說，我們每天活在各種驚奇之中。若不能學到新知，並保留在記憶中，那樣的驚奇是沒有意義的。

例如，被別人惡作劇嚇到，那種驚奇一點意義也沒有。相對地，閱讀報章雜誌，對新的科學發現感到驚奇，這就非常有意義了。

好奇心旺盛的人會變聰明

這種建立於驚奇上的知識累積多了，人就會越來越聰明。所以平日追求驚奇的人，特別容易增長智慧，笛卡兒也有同樣的看法：

「對這種激情天生不感興趣的人，通常是非常愚昧無知的。」

這也代表積極追求驚奇的人、好奇心旺盛的人才會變聰明，缺乏這些特質的人注定一輩子無知了。

這一點從小孩子身上就看得出來了，好奇心越旺盛的孩子越是用功向學。

笛卡兒記憶術

我反過來利用這個原理，刻意讓自己感到驚奇，來作為增進記憶的一種手段。

人的年紀越大記憶力就越差。但有驚奇的感情，就比較容易留下印象。因此我在記東西時，會試著讓自己感到驚奇。

方法很簡單，把任何事情都當成出乎自己的意料來記憶就行了。好比在背誦年代的時候，單純用口訣來背很容易忘記，我會加入一點驚奇的要素。

例如遷都平安京是西元七九四年的事情，大家背誦時都用「遷居平安棲就順」來記憶七九四對吧。這種情況下，稍微調查一下就會發現令人意外的事實。像我就發現，取名平安有祈求承平安泰之意。那麼就用「棲久就會順」的方式來記憶，就更容易留下印象了。

儘管這個方法有些麻煩，不過與其反覆死背那些記不住的東西，還不如用這種一招見效的方法比較有效率。況且還可以獲得新知，真是一石二鳥。

調查驚奇要素的過程也是一種學習。

各位在通勤時段吸收新知時，也請利用這個方法吧。

思考 36

不同的愛給予不同的對象

「把心愛的對象看得不如自己，這就只是單純的喜愛；把心愛的對象看得和自己一樣重要，這就稱為友愛；把心愛的對象看得比自己更重要，這就稱為奉獻之愛。」

愛分三種

各位說出「我愛你」這句話時，是抱著什麼樣的心情呢？

當然對象不同，心情自然也不一樣吧。

愛家人和愛部下的意義就不同。

愛是一個很麻煩的字眼，當中有各種意義和語感。

笛卡兒是這樣說明的：

「把心愛的對象看得不如自己，這就只是單純的喜愛；把心愛的對象看得和自己一樣重要，這就稱為友愛；把心愛的對象看得比自己更重要，這就稱為奉獻之愛。」

換言之，依照不同的評價結果，有分三大類型的愛。

首先，是將對象看得不如自己的「寵愛」。花草動物皆屬此例。

的確，將對象看得不如自己，這種說法用在人類身上並不太適合，所以寵愛這個字眼我們通常是用在非人的事物上。

接下來，將對象看得和自己一樣重，則是一種「友愛」。

這跟亞里斯多德提倡的友愛是同一回事。根據亞里斯多德的說法，愛別人如同愛自己就稱為友愛。

因此，將對方看得和自己一樣重，也是相同的道理。

簡單說，把別人的事情當成自己的事情，這份心情就是所謂的友愛。

最後「奉獻」是把對方看得比自己還要重，笛卡兒舉了上帝、君主、都市、個人為例。

除了個人以外，其他例子都很好懂。個人不是隨便一個阿貓阿狗都行，畢竟對某個人犧牲奉獻，那可不是一件容易的事情。

下一段說明給了我們一點提示。

笛卡兒用下面這段話，告訴我們三種愛帶來的結果有何不同。

「這三種愛的區別，主要在於其結果。也就是說，這三種愛都是人們把自己與所愛之物互相結合。自己與所愛之物構成的整體，若有較為不好的部分，那就要做好拋棄的準備，以求保護其他的部分。」

換言之，為了心愛的對象能做出何種割捨，正是這三種愛的差異。

以寵愛來說，我們可以選擇自己，拋棄對方。

奉獻就剛好相反了。奉獻是選擇對方，拋棄自己。沒錯，奉獻就如同字面上的意思，就算付出自己的性命也要保護對方。

好比為國犧牲的愛國情操，就屬奉獻的典範了。

至於對個人奉獻，比較可能的對象就是家人了。

我們願意犧牲自己來保護家人，尤其保護孩子是父母的責任。假如用我的一條命，能治好孩子的不治之症，我也絕對會犧牲自己的。

不要弄錯愛人的方法

誠如前面所述，愛有各式各樣的形式。

必須要注意的是，不要把錯誤的愛用在錯誤的對象上。

例如對寵愛的對象付出犧牲奉獻之情，那就等於自願為非人的事物去死了。

另外，不能把寵愛用在友愛的對象上。用那種態度，小心沒朋友。

我們必須好好培育愛，聰明的生活下去才行。

思考37

欲望是對未來的意志

「欲望這種激情，是精氣引起的靈魂撼動；使得靈魂希望未來有合於自身的事物。」

欲望是一種動力

聽到欲望這個字眼，各位有什麼樣的印象？

大概是壞印象吧？

確實，被欲望擺布並不是一件好事情。

不過欲望本身並不壞，問題在於我們該如何面對欲望。

善用欲望的話，就能成為我們的動力。

過去史帝夫・賈伯斯曾對史丹佛大學的學生說：「保持飢渴，留住傻勁。」所謂的飢渴是指持續擁抱欲望。

笛卡兒也提過欲望可帶來的可能性：

「欲望這種激情，是精氣引起的靈魂撼動；使得靈魂希望未來有合於自身的事物。」

換言之，欲望是追求未來的意志，實現自身願景的強烈意志。

從這種角度來看，欲望就是一種很正面的概念了。

所以我們不該一味期望好事發生，也要有打破厄運和壞事的意志才行。

欲望也能排除負面的要素

笛卡兒也說過，欲望有這兩種面向。

「追求善，也就是同時在避免與其相反的惡，其實是同一件事。」

這一點我也深有同感，想實現某些事情的時候，自然會努力排除萬難。例如要執行某項企畫，我絕不會找扯後腿的傢伙共事。企畫的成敗，從這個階段就開始了。

有個道理大家很容易忘記，凡事在追求正面效果的同時，也得排除負面的要素，否則會在意想不到的地方陰溝裡翻船。

笛卡兒的觀察力之所以敏銳，在於他知道欲望有追求正面和排除負面的功效，而這兩種功效又是出自同一種激情。

意思是，欲望包含了多元的要素。

另一個說法是，依照當中包含的不同要素，欲望也可分為好幾個種類。

最強烈的欲望是快樂與厭惡

此外，笛卡兒也有談到最強烈的欲望。

「最該注意的強大欲望，是出自於快樂與厭惡。」

欲望包含何種要素，取決於那股欲望從何而來。來自快樂與厭惡的欲望是最強烈的。

快樂與厭惡位於人心的兩個極端，這一點應該不難體會。出自快樂的欲望，比出自好奇心的欲望更強烈。

實際上，滿足好奇心和追求快樂，絕對是後者比較強烈。要達成某個目標時，擁抱快樂或厭惡就行了。

我用「睡眠」這個人類最難抵抗的生理需求來解釋，各位就明白了。當我們很想睡覺時，只有舒服的事才會讓我們打起精神來做。

至於厭惡的感情就更好懂了。當我們有一項目標時，先設定一個討厭的對象，就會拚盡全力贏過他了。

不過，儘管是為了達成目標，故意擁抱厭惡的感情還是滿不舒服的。所以我個人建議各位擁抱快樂，而且這非常簡單。

簡單說，準備一些獎賞就行了，設定一個能夠激勵自己的獎賞。這樣做也許會花一點錢，但如果可以獲得相當的成功，何樂不為呢？

知性的喜悅是美好的

「靈魂享有的，是其所擁有的美好成果。對於其他沒有美好喜悅的事物，人們根本無法享受到，就如同心靈沒有感受到美好一樣。」

喜悅是主觀的

什麼樣的事情會讓各位高興呢？

獲得年終獎金？

升遷？

身體檢查的結果還不錯？

最後這一項是我個人的問題啦……每次被貼上肥胖的標籤，總是讓我很困擾。我在美國時大家都說我很瘦，日本人的標準對我來說太嚴格了。

閒話休提，笛卡兒對於人類懷抱喜悅的看法如下：

「靈魂享有的，是其所擁有的美好成果。對於其他沒有美好喜悅的事物，人們根本無法享受到，就如同心靈沒有感受到美好一樣。」

這裡所謂的美好，被視為成就事物的狀態。換言之，當美好成就之時，我們就會高興，這代表事情進展得很順利。

從這點我們不難發現，喜悅是非常主觀的東西。

因為，順利與否的判斷基準也是主觀的。

例如，別人覺得事情進展順利，但你並不這樣想，那麼你就不會感到高興。

考試追求滿分的人若只拿到九十八分，就算是全班第一名也不會開心的。

渴望喜悅就去探究知識

我不是吹毛求疵的完美主義者，只是我要得到自己感興趣的東西才會高興，否則給我再好的東西也沒用。

這就好比我並不喜歡錢，卻拿到一大筆錢一樣。

我要的是知識，也就是智慧或知性。我講這句話可不是裝模作樣，而是真心這樣想。

事實上，給我豐厚的報酬也無法使我愉悅。相反地，吸收新知卻讓我雀躍無比。因此我可以理解笛卡兒下面的看法：

「知性的喜悅，是靈魂從內在引發的歡快情緒，彰顯知性為靈魂的所有物，所構成的美好享受。」

知性的喜悅足以撼動精神，這對我來說就是美好。

尤其腦中靈光乍現的時候，更是無與倫比的開懷。這就跟阿基米德想到浮體論時，跑出浴室大喊「Eureka（我明白了）！」的心情一樣。

購買書籍也會使我內心激昂。

我常用網購宅配的服務，那種感覺就像收到聖誕老人的禮物。由於東西是我自己訂購的，包裹的內容我當然很清楚，但拆開包裝的那一刻還是難掩興奮之情。

特別是裡面還包了一層塑膠袋，更添神祕的氣息。有時候我還以為裡面有什麼未知的生命呢。

對我來說知性的喜悅是美好的，相信對許多人來說也是如此。當人們對知性的東西感到無與倫比的喜悅，那就是社會高度進化的證明了。

聽我這麼說，各位可能會覺得這純粹是精英主義吧。其實我的用意不光是這樣。

追求知性的東西花不了多少金錢。

而且拚命追求知性的東西，也不會有反效果。

如果是金錢或物質需求，可就沒辦法永無止盡地追求了。

無盡的貪念會導致自身破滅。

渴望喜悅的人，請試著追求知性的東西吧。

思考 39

精神影響表情

「靈魂可以改變臉部和眼神的活動，當靈魂要掩飾激情時，就會想像完全相反的激情。因此人們可以用這種方法來表現激情，同時也可以用來隱藏激情。」

好表情是能掌握的

當別人替你拍照的時候，你會擺出什麼表情呢？

大多數人會選擇微笑吧，因為我們知道那是一種好的表情。人在開心時會露出笑容，拍照時表情開心一點，會給人比較好的印象。

至於我呢，則是盡量張大眼睛，而不是露出笑容，我張大眼睛看起來比較開朗明快。

那麼，喜悅和快活一定要表現在臉上才看得出來嗎？正是如此。

平日笑口常開的人並不多。沒有什麼好事，也能常保精神抖擻的人並不常見。

大家多半是一臉普通或更糟糕的表情，好比不開心或陰沉等等。最好的證據就是，我們在日常生活中不小心被拍到的照片，都是一些很蠢的表情。

不過在派對上拍的照片，就算不必佯裝笑臉，也會自然流露出很棒的表情，所以笛卡兒提出了這樣的看法：

「靈魂可以改變臉部和眼神的活動，當靈魂要掩飾激情時，就會想像完全相反的激情。因此人們可以用這種方法來表現激情，同時也可以用來隱藏激情。」

換言之，精神影響表情，某些感情會讓我們自然流露很棒的表情，某些觀念也可能讓我們表現出開心的模樣。

其中，也有刻意佯裝表情來隱藏感情的狀況。面具或口罩是人類用來遮掩表情的東西，其實臉部本身就能隱藏表情了。例如不開心的時候佯裝開心，生氣的時候佯裝平靜。

眼神無法說謊

俗話說得好：「眼神比嘴巴透露更多訊息。」人類的眼神是無法說謊的，笛卡兒也發表過下面的評論：

「最愚蠢的下人，也能從主人的眼神看出，主人是否在生他的氣。」

這一點我們必須留意才行。

我們常形容一個人的眼神毫無笑意，這代表眼神是很難假裝的。但是演員那種受過專業訓練的人才，就另當別論了。

如果要裝出沒有生氣的表情，讓心情平靜下來是最好的方法。

畢竟精神會表現在臉部上。

個性好的人，表情看起來也比較溫柔。

從一個人的面相來看運勢，我認為還滿準確的。血型分析的結果也才四大種類，面相卻因人而異，光這一點就值得參考了。

據說，良好的經驗會改變一個人的面相，這也可以理解。

我們在痛苦時難免一臉悲痛，成功時則會浮現充實自信的表情。想當然，良好的經驗也會讓我們的表情充滿信心。

這些表情的堆疊刻畫出皺紋，讓我們的眼神清明，形成好看的五官。

有一次我和朋友相約碰面，一個我從沒聽過的新興宗教的成員跑來找我攀談，問我要不要信奉他們的教祖。

這時候我朋友來了，我趕緊抓住這個機會離開現場。

我的朋友並不知道前因後果，他只是看了那個信眾一眼，就斷定那個人是新興宗教的推廣人員。

據他觀察，那個人的眼神太清明了。

聽他這樣說我才意識，對方確實是一個眼神很單純的人。

想必那個成員很相信他們的教祖吧。

有自信的眼神是好事，但盲目的單純眼神就不太好了。

思考 40

脫離求神拜佛症候群

「那些不取決於我們的東西，就算再怎麼美好，我們也不該積極追求。理由是，那些事可能不會發生，我們越是奢望，就越感到痛苦。」

不要依賴運氣

大家會去買彩券嗎？

我實在買不下手。請注意我不是不買，而是買不下手。其實我也想買，只是做了這種事之後，我大概就不想工作了。

買彩券這種行為，就等於認同不勞而獲的觀念。這對我來說，就好像用大顆的球來打高爾夫一樣取巧。

大家辛辛苦苦用小球打高爾夫，結果有個人卻破例可以拿其他較大的球來打，這會演變成什麼情況呢？

大家共同遵守的規矩被打破了，一定會覺得很掃興對吧。

而且一旦開了惡例，就會想用更大的球來取巧。不對，到時候大家的歪腦筋就會動到其他層面上了。

好比要求讓自己打特別簡單的球，或是擁有反覆重打的特權等等，大家一定會不斷地追求例外。

笛卡兒沒有探討過彩券，但下面這段話很值得我們參考：

「那些不取決於我們的東西，就算再怎麼美好，我們也不該積極追求。理由是，那些事可能不會發生，我們越是奢望，就越感到痛苦。」

這段話的意思是，無法自己決定的事物，都是在依賴運氣。太過相信運氣，會讓自己非常痛苦。

因為我們無法肯定好運是否會發生，這就跟我們不知道彩券是否會中獎一樣。

賭博也是一樣的，賭博拚的是運氣。太過熱中賭博，就會冀望翻身的機會，到頭來越陷越深難以自拔。

失去努力追求成果的意志

當一個人擁有這種觀念，做任何事都會仰賴運氣和上天的眷顧。

若是意志堅定的人那也就罷了，我可沒有那種自信。

我一旦仰賴運氣，就可能染上求神拜佛症候群，這是我最害怕的事情。染上求神拜佛症候群是很悲慘的，萬一讓我買彩券中了一點小獎，我大概就不願意努力工作了。

為什麼呢？笛卡兒的解釋如下：

「這種想法占據我們的思緒，讓我們失去熱忱去追求那些唾手可得的東西。」

我會期待頭獎從天上掉下來，失去自己賺錢的意願，我就是這麼軟弱的人。當然，有些人在彩券或賭博上嘗到甜頭，也不會放棄努力。我很羨慕那種人，也非常尊敬他們。不過，假如各位跟我一樣軟弱，那還是注意一下比較好。

在古老的日本童話中，想要輕鬆賺大錢的人必定會遭遇不幸；腳踏實地努力的人，才能獲得幸福。

有些彩券或賭博的收益會拿來做公益，各位要是當作在捐款助人那也沒關係。

話雖如此，我還是沒辦法排除內心的芥蒂，萬一中獎那就等於仰賴運氣了，所以我選擇直接捐款行善。

樂透開獎節目實在太誘人了。

上帝啊，請讓我遠離誘惑吧！啊，這樣算是求神拜佛嗎？

思考41

成為寬宏的人

「最為寬宏的人，通常也是最謙虛的。」

在尊重他人的前提下貫徹自我

所謂人品高尚的人，究竟是怎樣的人呢？

任何職場裡都有人品高尚的人，他們多半處於領導地位。不對，正因他們人品高尚，才有資格得到那種地位。

那麼，到底什麼是人品高尚？

不忘顧慮他人，並且有辦法貫徹自我的人。

笛卡兒把良好的性格稱為「寬宏」，對這種性格有很高的評價。一般來說，寬宏是志氣高昂的意思，笛卡兒給出下面的具體定義：

「要知道，真正屬於自己的只有自由的意志決定權。以及從內在感受到，意志不可棄這個明確不變的決心。」

換言之，能做出自由的決定，貫徹其意志便是寬宏的要素了。

更重要的是，擁有凌雲之志也不鄙視他人。

寬宏的人若有不如別人的地方，也不會妄自菲薄；若有優於別人的地方，也不會驕傲自大，因此笛卡兒才說了下面這句話：

「最為寬宏的人，通常也是最謙虛的。」

擁有壯闊的志向，對待他人又極為謙遜，這就是寬宏的定義。

寬宏是最了不起的

寬宏的特質，幾乎都是值得我們效法的要素。

例如，對任何人都有禮、和藹、親切。

正常來說，我們沒辦法對任何人都那樣，頂多只能善待一部分人而已。為什麼他們會如此顧慮他人呢？理由是寬宏的人懂得考量別人的善，將自己的利益置之度外。謙虛的特質發揮到極致，就會成為一個利他的人。

另外，這種人擅長控制自己的感情，不會被欲望或虛妄執著所迷惑。

這也是很困難的事情，能夠完全控制感情根本就是機器人了。受感情擺布，在苦惱中過活正是人類的本質。

換言之，不被感情支配的人，生氣的時候也不會暴跳如雷、鬼吼鬼叫，這才是最適合擔任上司的人才。

最重要的是，內心安定才不會被恐懼影響。

到了這個境界就無人能敵了，說是殭屍也不為過。因為沒有什麼東西，比毫無畏懼的人更可怕了。

人類是會猶豫的生物，所以並非萬能。

恐懼令人猶豫。

人類本來擁有萬能的潛力，恐懼限制了我們的潛力。

至今我也多次受到恐懼影響，放過了大好的機會。很多事情我非常後悔，當時要是勇敢一點就好了。

擁有寬宏的特質，人生就和後悔無緣了。

若有辦法掌握笛卡兒所說的寬宏，人生保證一帆風順。

問題在於該如何掌握寬宏。

至少先捨棄利己主義，擁抱為世人盡心的利他精神吧。

整天只想爬到別人頭上，是永遠不可能成功的。成功是掌握寬宏後自然產生的結果。

思考
42

擁有競爭的勇氣

「競爭心是一股熱忱，讓靈魂期盼自己也能獲得和別人一樣的成功。那是一種以別人的例子為外在因素的勇氣。」

競爭心會成為戰鬥的動力

各位的競爭心強烈嗎？

我個人還滿強烈的，應該說我會刻意挑起自己的競爭心。否則，我很容易苟且偷安。

競爭就是戰鬥。

戰鬥免不了傷疲交煎。
躲避痛苦是人類的天性。
基本上人類是很脆弱的，但我們還是不得不對抗自然界和外敵的威脅。
所以我們需要鼓舞自己，鼓舞對我來說是不可或缺的。

競爭心很類似勇於戰鬥的覺悟。
笛卡兒也說過：

「競爭心是一股熱忱，讓靈魂期盼自己也能獲得和別人一樣的成功。那是一種以別人的例子為外在因素的勇氣。」

首先來看前半段「好勝是被別人成功的案例所激發的熱忱」。
這話說得很有道理，我在鼓舞自己的時候，也會參考其他人努力的例子。
大家看運動比賽會受到激勵，就是這個原因了。每個人都希望有同樣的經驗，靠自己的努力獲得回報的經驗。

為什麼我以運動為例呢，因為簡單易懂的關係。

舉其他例子也無所謂，例如音樂或學業等等。

再來是後半段「好勝是以別人的例子為榜樣的勇氣」。

這也是一句至理名言。我剛才說競爭心是勇於戰鬥的覺悟，笛卡兒更直接表明那是一種勇氣。

在這世上競爭是不可避免的，競爭也需要勇氣，因此我們不能缺乏競爭的勇氣。

當然，競爭不見得是絕對正確的。

可是大家看看自然界，競爭帶動了世界的進化，放棄競爭就會被強敵吞噬。

打倒強敵即可倖免於難，但這也是一種競爭。

掌握至高無上的控制權，敉平世上的所有競爭也是一個選擇。然而，實現這個理想也需要莫大的覺悟。

況且，這幾乎是不可能的事情，所以我們無法否定競爭存在的前提。

調整狀態

我們有必要效法別人的奮鬥，時時培養競爭的勇氣。

只是想得到勇氣，光看別人奮鬥是不夠的。

這跟人類是血肉之軀有關係。

笛卡兒的看法如下：

「此外還有內在因素，人類的身體有一種狀況，欲望和希望推動血液到心臟的力量，遠比不安和絕望阻絕血流的力量要強。」

也就是說，除了外在誘因的刺激，身體的內在要素也得跟上才行。一般來說我們受到外在刺激，體內會分泌腎上腺素來激發我們的幹勁。

人體是我們行動時不可或缺的工具，勇氣缺少了身體的配合，就跟沒有車子的汽油一樣派不上用場。沒有車子可用，汽油便是純粹的液體罷了。

這時候我們要調整身體狀態來面對競爭。

再以運動為例各位就懂了。假使身體的狀況不好，空有幹勁也無法獲勝。

工作和生活也是一樣的道理。

我們平常就該保持萬全的體能，以備受到刺激可以隨時應戰。

思考 43

用內心的膽怯來規避風險

「當吃苦無益的理由明確、進而產生這種怯懦的激情時，這種激情有助我們免於看似出自正當理由的痛苦。」

膽小幫助我們自制

被罵膽小鬼是一種不小的打擊對吧，膽小是缺乏勇氣的失敗者性格。沒有挑戰精神、不夠大膽的人，說穿了就是枯燥無味的人，所以他們的人生才沒辦法成功。

事實真是如此嗎？

笛卡兒很清楚膽小的癥結，但他也提出了下面的看法：

「當吃苦無益的理由明確、進而產生這種怯懦的激情時，這種激情有助我們免於看似出自正當理由的痛苦。」

換言之，在明知有害的情況下，膽怯有防止我們白費功夫的效果。有些事情從客觀上來看非常危險，但人類還是會被欺騙、被判斷誤導，進行有勇無謀的挑戰。

勇敢的人常有這種毛病。

他們相信自己一定有本事辦到。

可惜他們注定失敗，並且後悔莫及。

如果他們的性格膽小一點，或許就懂得懸崖勒馬了。

意思是，勇敢的人和膽小的人，面對相同的情況會有不一樣的反應。在某些情況下，膽小反而是有好處的。

這也可以說是用膽怯來規避風險。

當我們面對風險的時候，要用膽小來自制。如此一來，就能即時懸崖勒馬，最壞也不至於一敗塗地。

考量到失敗的可能性，事先防患未然也是可行的。

太有勇氣是疲勞的根源

我算是有勇氣的人，應該說我有勇無謀才對。

所以我總是幹一些有勇無謀的挑戰，等失敗了再來後悔。

同樣的事情一再重複，我想這是個性的問題。

我在反省的過程中，心裡總是想著下次一定要拚回來。

畢竟每次的條件和狀況都不同，我就以為自己絕對辦得到。當然，如果情況完全相同，我也不會每次都失敗啦。

好比工作行程表。

我每次都被自己安排的緊湊行程折騰個半死，卻始終沒有改善這個缺點。有時候勉勉強強完成預定計畫，但給周遭添麻煩也算不上成功。偏偏我就是死性不改，每次遇到這種情況我就滿羨慕膽小的人。

太有勇氣的人，或是像我這種有勇無謀的人，非常辛苦，笛卡兒也有提到這一點：

「怯懦的激情，除了使靈魂免於吃苦以外，延緩精氣的運行，減少體力的消耗對身體也有益。」

膽怯有助抑制能量的消耗，說是節能行事也不為過。所以能量的運用效率極高，不會有力竭的情況發生。

相對地，有勇無謀的人總是全力衝刺。能量的運用效率不好，又容易中途力竭，這種人完全沒有思考能量分配的問題。

從人生的觀點來看，這就像抱著隨時倒下也在所不惜的覺悟奔走。有的朋友也勸我，為什麼要活得如此匆忙。倒也不是我活得太匆忙，我只是全心全意過活而已，無奈在旁人眼裡不是這麼回事。

如果我看開一點，早就養成膽小的個性了吧。

我年紀不輕了，也該努力當一個膽小鬼了。

思考 44

用調侃提升自身的品格

「適度的調侃，使一些惡劣德性顯得可笑，並有警惕的作用。然而，調侃的人不會嘲笑這些問題，也不會對當事人有所憎恨。這種調侃不是激情，而是一種高貴之人所具有的品格。」

調侃是一種洗練的教養

電視上不乏許多綜藝節目，搞笑藝人風靡了整個社會。

不過，這也不是最近才有的現象。

日本從中世以來，就有所謂的搞笑模仿秀。在江戶時代，甚至有人靠搞笑養家活口。

這也代表搞笑有其社會需求，笑容可以治癒人心，帶給人們幸福的感覺。可是事情沒有這麼簡單。

大家都說搞笑藝人的頭腦很好，搞笑是講求臨場反應的。這確實要動腦才辦得到，實際上高學歷的搞笑藝人不在少數。他們使用搞笑手法，配合臨場反應來進行諷刺。這也算是搞笑的另一種功能。笛卡兒也有提到這類功效：

「適度的調侃，使一些惡劣德性顯得可笑，並有警惕的作用。然而，調侃的人不會嘲笑這些問題，也不會對當事人有所憎恨。這種調侃不是激情，而是一種高貴之人所具有的品格。」

換句話說，用調侃的方式指正個人或社會的缺點，而不是直接點破。這就是所謂高貴的品格了。

至於為什麼要這樣做呢？因為這比直接點破更有效。任何人被指責都會不高興，然後刻意唱反調。將他們的缺點視為調侃對象，表面上也比較容易接受。

周圍的人笑得越開心，對當事人的衝擊就越大，效果也十分顯著。以這種方式博君一笑的人會獲得很高的評價。

冷靜地調侃

笛卡兒的見解值得注意的地方是「僅止於適當的嘲諷」和「自己不笑」。

倘若調侃得太過火，或是把自己逗笑了，那就有失冷靜了。

為什麼要保持冷靜呢？因為這樣才不會有失高貴的品格。

否則被指責的人和其他聽眾，都不會乖乖聽勸。調侃變成了純粹的嘲笑，只會帶給別人不快的感受。

美國的媒體很擅長推出政治喜劇，所以他們敢在電視上公然批評政治。

我們國民缺乏政治教育，犀利諷刺政治的喜劇並不多。諷刺政治時事的人越多，越能激發國民對政治的意識。沒有人諷刺政治，對我們的社會來說，這真是太可惜了。

可能在日本批判政權的搞笑藝人，會讓觀眾退避三舍吧。

正當的調侃並非無禮

當然，這種態度不光是政治文化的問題，某種意義來說也是我們含蓄的性格使然。

我們覺得嘲笑他人是很失禮的事情，笛卡兒則是這麼說的：

「聽到別人的調侃而發笑，並非無禮。有時候不笑，反而會被人誤以為你心情不好。」

是的，嘲笑因德行惡劣而被調侃的人絕非失禮的行為，因為他們做了該被諷刺的事情。

在這種情況下，大家以嘲笑來指責當事人，當事人才會懂得自我反省。

因此對應當調侃的事堂堂正正地笑吧。

切記，不要發出沒品的笑聲，笑的時候請保持冷靜高雅。

傳記四

笛卡兒的熱情

闡明自己所有學問體系的《哲學原理》出版後，笛卡兒身邊的敵人和朋友增加了，就連仰慕者也越來越多。

其中一位仰慕者，是在三十年戰爭後被迫流亡荷蘭的伊莉莎白公主。

笛卡兒從一六四三年開始，和這位伊莉莎白成為終生的筆友。話雖如此，他們並沒有發展成戀愛關係。

笛卡兒一生未婚，但他深愛一位荷蘭女性幫傭，在三十九歲那年和對方生下女兒。遺憾的是那個孩子五歲就病逝了。

言歸正傳，有一次伊莉莎白公主對笛卡兒提出了一個問題。她說既然精神和身體不同，只屬於思考的領域，為什麼會對身體造成影響？

笛卡兒認為精神和身體有別，所以很煩惱該如何回答。

自從在《方法談》提倡「我思，故我在」以來，笛卡兒只承認意識是絕對確實的，並且把意識和其他事物做出區別。這稱為身心問題或身心二元論。

後來伊莉莎白公主生病，他才開始熱心思考精神引起的身體變化。這點從他們書信上的意見交流可見一斑。

當中的議論似乎還扯到了道德問題，這份熱情的成果在一六四五年經過編纂和修正，最後在一六四九年出版成《靈魂的激情》一書，這是笛卡兒死前三個月的事情。

一六四九年，瑞典的克麗絲汀女王邀請笛卡兒，前往斯德哥爾摩替她授課。

起初他很猶豫是否該前往極寒之地，但克麗絲汀的知性令他極為嚮往。

不管是伊莉莎白公主或克麗絲汀女王，看來笛卡兒對充滿知性的女子特別沒轍。

當然，她們也都是年輕貌美的女子。

笛卡兒到瑞典後必須配合女王的習慣，從早上五點開始授課。嚴寒的天氣加上被迫更改睡眠習慣，這段日子對笛卡兒來說並不輕鬆。

到頭來笛卡兒終於不支病倒，就這麼死在斯德哥爾摩了。

短短五十三年的人生，多半耗費在旅行和思考上。

專欄四

《靈魂的激情》是一本怎樣的書？

笛卡兒生前發行的最後著作《靈魂的激情》究竟是一本怎樣的書？

首先這裡提到的激情，是指英文的 passion。這個單字的語源為「精神的被動」，而引起這種被動反應的是身體。

所以《靈魂的激情》從精神和身體兩大層面，來探討人類本質。

從身體來考究激情，這確實很像笛卡兒的研究法門。笛卡兒本人也說過，他是從自然學者的角度來說明激情。也誠如他所言，他活用生理學和醫學等知識，在書中加入許多醫學書籍一般的說明。好比當中有類似解剖圖的插畫，以及人類表情的圖像。笛卡兒用科學家的觀點分析人體，用哲學家的觀點考察人類，兩者相輔相成，創造出一部罕見的感情論述。

據說，笛卡兒寫下這本曠世奇書的契機，是筆友伊莉莎白公主提出的精神問題。這些問題從感情發展到道德的議論。

整本書共分三部，第一部是激情的生理學看法，以及激情的定義和人類的本性。

第二部是關於激情的種類和順序，他舉出六大基本激情來說明。當中有詳實的分析，《靈魂的激情》被稱為近代感情論述的根源。

第三部探討寬宏之心這種特殊的激情，同時也談到道德論。尤其道德論在過去的著作中沒有提及，是十分貴重的內容。

另外，書中對於大腦的見解和機械的議論，與現代科學也有共通之處。從這點來看，這本著作具有值得反覆閱讀的普遍性。

■結語
透過笛卡兒的思想自我啟發，很不錯吧？

咖啡的滋味，不對，笛卡兒滋味如何啊？

各位或許以為這是一本商業書，其實是自我啟發的書對吧？

這正是我的用意。

事實上，這也是一本笛卡兒的入門書。

當然，我的宗旨是寫一本年輕人和上班族的自我啟發書籍，但內容既以笛卡兒為基礎，作者又是我這位哲學家，那麼本質上難免會從哲學角度思考。

我的目的也在這裡。

一大早讀笛卡兒的入門書不輕鬆吧。

另一方面，笛卡兒是名滿天下的哲學家，相信大家也想了解一下他的學說和他的思考方法。

而且本書每一小節花三分鐘就夠了，讀起來不會太痛苦才對。

我就是想利用這種「讀起來輕鬆」的心情，讓各位了解笛卡兒的哲學和它對我們生活、工作，及至人生的啟發。

我非常希望各位讀了這本書，也能達到這樣的目的。

仔細想想，各位了解了笛卡兒的生平，還學到了四本主要著作的九十多條箴言，這可是非常了不起的成果。

我這樣講也許有自賣自誇之嫌，然而集合這麼多哲學精華的書可不多見。

希望各位一早能補充知識，度過充實的一天。

我在寫作本書時，受到了各方大德的關照。

尤其本書也算是一項新企畫，從構思到完成的階段，全賴ＰＨＰ研究所文庫出版部的橫田紀彥先生、北村淳子小姐的耐心指導，我想在此向他們致上誠摯的謝意。

最後，也感謝所有閱讀這本書的讀者。

二〇一六年二月　晴朗的冬天早上

小川仁志

一天一點笛卡兒

三分鐘思考術，教你解決
學習問題×職場判斷×人生難題

作　　者　小川仁志
譯　　者　葉廷昭
總 編 輯　陳郁馨
主　　編　劉偉嘉
校　　對　魏秋綢
排　　版　謝宜欣
封面設計　萬勝安
社　　長　郭重興
發行人兼出版總監　曾大福
出　　版　木馬文化事業股份有限公司
發　　行　遠足文化事業股份有限公司
地　　址　231 新北市新店區民權路108之4號8樓
電　　話　02-22181417
傳　　真　02-86671891
Email　service@bookrep.com.tw
郵撥帳號　19588272 木馬文化事業股份有限公司
客服專線　0800221029
法律顧問　華陽國際專利商標事務所　蘇文生律師
印　　刷　成陽印刷股份有限公司
初　　版　2017年3月
定　　價　280元
ISBN　978-986-359-368-3

國家圖書館出版品預行編目 (CIP) 資料

一天一點笛卡兒：三分鐘思考術，教你解決學習問題×職場判斷×人生難題／
小川仁志著；葉廷昭譯. -- 初版. -- 新北市：木馬文化出版：遠足文化發行, 2017.03
面；　公分. --（Advice ; 43）
譯自：朝3分間のデカルト
ISBN　978-986-359-368-3（平裝）
1. 笛卡兒（Descartes, Rene, 1596-1650）2. 學術思想 3. 哲學

146.31　106000834